돈이
어렵기만 한
당신이
읽어야 할
책

일러두기

- 이 책은 한국 독자에게 보다 적합한 정보를 제공하기 위해, 원서의 핵심 개념과 메시지는 유지하면서 금융 상품과 제도 등 일부 구체적인 내용은 한국 실정에 맞게 수정했습니다.

- 255쪽에 수정 내역을 정리해 두었으니 독서에 참고하시기 바랍니다.

돈이 어렵기만 한 당신이 읽어야 할 책

조급하지 않게,
나답게 재테크하는
법

안도 마유미 지음 ─ 정문주 옮김

RHK
알에이치코리아

돈에게 이기는 사람이 되자

잠시 당신이 최근에 산 물건들을 쭉 떠올려 보세요.
'이건 참 잘 샀다' 싶은 것이 있나요?

돈은 자기 삶을 더 좋게 바꾸려고 쓰는 것입니다. 왜 샀는지 모르겠는 물건이 잔뜩이고 대부분 스트레스 해소용 소비였다면 돈에게 끌려다니는 삶이라 할 수 있습니다. 반대로 절약해야 한다는 이유로 좋아하는 것을 참기만 하는 사람은 아무리 돈이 쌓여 있어도 행복하지 않습니다. 아까운 마음을 떨치지 못해 끝끝내 좋아하는 것을 선택하지 못하지요.

여러분 인생의 주인공은 여러분입니다. 결코 돈에게 주인공 자리를 넘겨서는 안 됩니다. 책에서 설명하겠지만, 가장 좋은 투자는 자기 자신에게 하는 투자입니다. 본인에 대한 투자 없이는 안정적인 재테크도 없습니다. 자기 투자야말로 리스크는 한없이 최소화하면서 수익은 극대화할 수 있는 유일한 방법입니다. 본인에게 투자할 때는 얼마가 필요한지 사전에 알 수 있습니다. 리스크가 매우 작습니다. 그런데 돌아오는 것은 무궁무진하지요. 배운 내용이 지렛대 역할을 해서 다양한 미래를 끌어들입니다.

　　예를 들어, 주식을 샀다고 합시다. 주식을 매매하려면 가격 등락뿐 아니라 매수, 매도 시점이나 경제 상황 등 다양한 사항을 고려해야 합니다. 또 여러분이 그 주식을 조사하고, 보유하고, 팔아 버릴지 말지를 판단하기 위해 '시간'과 '지식'을 얼마큼 투입할지 모릅니다. 이 모든 것이 리스크가 됩니다.

　　자신에게 하는 투자는 그런 점에서 단순합니다. 어디까지 벌 수 있을지는 본인 하기 나름이고 수익을 가늠할 수 없습니다. 그러니 스스로에게 많은 돈을 투자하면 좋겠습니다. '나는 어떻게 살아야 즐거운지'를 잊지 말길 바랍니다. 기억하세요. 돈은 여러분을 빛나게 하기 위한 도구에 불과합니다.

　　본인에게 투자하기로 마음먹었다면 즐거워야 합니다. 어

디에 돈을 써야 기쁜지, 스스로에게 어떤 투자를 하면 즐거운지 생각해 보면 좋겠습니다. 정답은 없습니다. 여러분다운 방식이 가장 좋습니다.

모든 사람에게 적극적으로 투자하라 추천하는 것은 아닙니다. 저축, 일하기, 투자 중에서 자기 성향에 맞는 것, 잘하는 것에 중점을 두어야 합니다. 특히 투자할 때는 본인이 시간을 얼마나 쓸 수 있는지, 금융 지식은 얼마나 있는지가 중요합니다. 가격 하락을 얼마나 감당할 수 있는지에 관한 리스크 허용도도 사람마다 다릅니다.

투자에 몰두하느라 즐겁지 않은 삶이야말로 피해야 합니다. 여러분의 시간과 지식은 큰 자원입니다. 그 소중한 자원을 '투자에 쓰고 싶지 않다'고 판단된다면 그 판단을 따르는 것도 좋습니다. 이 긴 인생을 살면서 자신이 지금 아는 것에만 눈길을 준다면 그것도 슬픈 일입니다. 시야가 좁아지지 않도록 자신이 안정감을 느끼는 컴포트 존을 넘어서 새로운 재테크 방법을 알게 된다면 오히려 진정한 안정감을 느낄 것입니다.

저는 22년 동안 펀드 매니저와 증권 애널리스트로 일하면서 수백 개 기업을 분석해 왔습니다. 현재는 기업과 대학 등에 강연을 다니고 경영 상담을 진행하고 있습니다. 또 여성의 자립은 경제적 자립으로부터 비롯된다는 사실을 통감했기에 더 많은 여성의 행복을 돕는, 여성을 위한 경제 강좌도 다수 개최하고 있습니다.

이 책에서는 ISA(개인종합자산관리계좌)를 활용해 투자하는 방법도 안내하고 있습니다. 'ISA 계좌라는 것이 뭐지?' 하는 기초부터 '어떤 투자상품을 골라야 하는지', '투자 설명서는 어떻게 봐야 하는지'에 이르기까지 관련한 모든 불안감을 해소할 수 있게 했습니다. 현재 ISA 계좌를 보유한 사람도 앞으로 투자 전반에 더 넓게 응용할 수 있도록 핵심을 짚어 두었으니 꼭 읽어 보길 바랍니다. 투자는 조금만 더 알아도 보이는 세계가 극적으로 넓어집니다. 설명을 다 읽고 나면 즐거운 마음으로 투자할 수 있을 겁니다.

이 책을 다 읽었을 때쯤에는 '나는 돈에 대해 잘 몰라'라는 생각이 사라지고 자신감이 샘솟을 것입니다. 돈 다루는 일을 불안해하고, 여러분의 인생을 빛낼 수단에 불과한 돈에 휘둘리는 것은 참으로 안타까운 일입니다.

돈에 강한 사람이 됩시다.

그리하여 여러분의 세계가 눈부시게 빛나도록 만듭시다!

목차

서장 돈에 대해 제대로 알자

준비 단계   재테크는 '나'에서 시작한다

1단계 저축, 기분 좋게 모으자

2단계 일하기, 자기답게 벌자

서장

돈에
대해
제대로
알자

원칙1. 내 인생의 주인공은 돈이 아니다

돈은 어디에 쓰는 것이 가장 좋을까? 투자라는 관점에서 보면 돈을 잘 쓰는 방법은 분명하게 정해져 있다. 바로 자기 자신에게 투자하는 것이다. 여러분은 무엇보다 이 점을 명심해야 한다. 투자는 내가 원하는 인생을 실현하기 위해 하는 것이다. 그게 가장 중요하다.

당연한 말이라고 생각할지도 모른다. 하지만 "지금 천만 원을 줄게요. 그동안 꿈꿔 왔던 삶을 위해 써 보세요."라는 말을 실제로 듣는다면 사람들은 그 돈을 어디에 쓸까? 천만 원의 사용처가 원하는 삶의 이미지와 딱 맞아떨어질까? 지금껏 만나고 컨설팅한 이들을 떠올려 보면 '자신이 원하는 삶'과 '현재 살아가는 방식'이 일치하지 않는 경우가 많았다. 왜일까? 그러면 돈은 왜 있어야 할까?

돈은 인생을 자기답게 살아가기 위해 있어야 한다. 인생이 주主, 돈이 종從이다. 돈에 관해 잘 알고 싶다면 먼저 '자기다움'을 알아야 한다. 바로 그 자기다움을 탄탄하게 키워 가는 데 필요한 자원이 돈이다.

원칙2. 돈을 알려면 세상을 알아야 한다

본인이 어떤 삶을 살고 싶은지 파악할 수 있다면 필요한 정보를 모으고 이를 실행해서 원하는 바를 이룰 수 있다. 이때 특히 알아야 할 것이 '세상'이다. 자신을 둘러싼 상황과 사람들의 행동 양식 같은 것들 말이다. 사회가 지금 왜 이렇게 움직이는지, 앞으로 어떤 변화가 일어날지, 세상을 제대로 알아야 한다.

'세상을 알아야 한다'고만 말하면 모호하게 느낄 수도 있겠다. 우선은 '자기 나름대로 생각하는 힘'이 있으면 된다는 것만 알자. 그것이 바로 돈을 잘 다루기 위한 기본 조건이다. 돈 관리가 어렵다고 해서 다른 사람이 말하는 정보를 있는 그대로 믿고 따르거나 남에게 통째로 맡겨 버리는 것은 매우 위험하다. 틀려도 된다. 자기만의 방식으로 생각하는 자세가 필요함을 명심해야 한다.

원칙3. 저축, 일하기, 투자 중 내가 잘하는 것을 한다

돈에는 '모으기', '벌기', '불리기'라는 세 가지 측면이 있다. '모으기'는 절약하는 것, '벌기'는 일을 해서 자기 손에 돈을 쥐는 것, '불리기'는 투자라고 생각하면 된다.

자신이 이 셋 중 무엇을 가장 잘하는지 따져 보자. 사회가 투자를 하지 않으면 바보가 되는 분위기라 할지라도 무리해서 투자 비중을 높일 필요는 없다. 자신이 잘하는 것을 중심에 두어야 한다. 본인에게 맞지 않는 일을 하려고 애쓰는 것보다 잘하는 일을 주축으로 삼아야 오래 해 나갈 수 있다. 셋 중 어느 것이 중심이 되든 상관없다. 또한 자신 없는 부분에 관해서는 어떻게 하면 좋을지 뒤에서 설명할 예정이다.

　돈은 사는 동안 끊임없이 다루어야 하므로 무리해서는 안 된다. 자기답게 오래 잘 다루는 것이야말로 중요하다.

돈을 다루는 방식이 곧 삶의 방식이다

나는 오랜 기간 수많은 사람의 재정 상태와 투자 방식을 관찰했다. 돈을 다루는 방식을 보면 그 사람이 사는 삶의 방식을 선명하게 알 수 있다.

　22년간 돈과 투자에 관한 전문가로 활동하다 보니 정말 많은 수강생을 만났다. 그러면서 그들이 어떻게 절약하고 저축하는지, 가계를 어떻게 관리하는지, 자산운용 상황이 어떠한지를 살펴봤다. 놀랍게도 재정 상태를 보는 것뿐인데도 각자가 현재 어디에 중점을 두고 살고 어떤 선택을 하며 돈을 어떤 식으로 쓰고 있는지가 훤히 들여다보였다. 놀라울 정도로 정직하게 다 드러났다.

　그들에게 파악한 내용을 말해 주면 "어떻게 알았나요?"라

돈을 쓰는 방식과 삶의 방식이 일치하는가?

며 놀라기도 한다. 하지만 이는 내가 무슨 특수한 능력을 가져서가 아니다. 누가 봐도 객관적으로 알 수 있다. 자기 일이 되고 보면 너무 가까워서 보이지 않을 뿐이다. 돈을 다루는 방식에는 자기 삶의 방식이 거울처럼 반영되는 법이다.

불안하지만 돈 공부는 하지 않는 이유

어떤 삶을 원하는지 알아야 한다고 했지만, 상담자들의 상황을 보면 이상적으로 생각하는 삶과 실제 삶이 다른 경우가 많다. 다시 말해, 자신이 원하는 바는 뒤로 미뤄 두고 다른 누군가의 삶을 사는 일이 많다는 것이다. 현대 사회를 살아가는 우리는 바쁘기도 하고 피곤해서, 눈앞의 일을 해내는 데 급급하다. 잠시 멈춰 서서 전체를 살펴보거나 미래를 내다보고 생각할 여유 같은 것이 없다. 그래서 불안해하면서도 돈 관리를 전혀 하지 않는 사람도 상당수에 이른다.

자산 관리를 한다며 행동은 하고 있으나, 유행하는 재테크 방법을 흉내 내거나 남들이 좋다는 대로 가계를 관리하고 자산을 운용하는 사람도 많다. 유명 유튜버가 추천하길래 주식을 샀는데 결국 손해를 봐 힘들다는 상담이 정말 많다. 열심히 절약하고, 재테크법을 알려 주는 유튜브도 보고, 할 수 있는 노력은 모두 했는데도 자산이 줄어든다면 누구나 괴로울 것이다.

가장 놀랐던 상담은 퇴직금을 거의 전액 하나의 펀드 상품에 넣어 뒀다는 내용이었다. 상담자에게 물어보니, 투자한 펀드의 구조나 리스크에 관해 전혀 인지하지 못하고 있었다.

이상을 위해 돈을 쓴다

현재의 삶

상관없이 돈을 쓴다

이상적인 삶

당신이 원하는 삶과 실제 삶은 일치하는가?

또 은행원이 제시한 상승기 실적만을 보고, 그대로만 가면 사산이 배로 불어날 것으로 생각해 투자한 것을 알 수 있었다.

이 외에 제대로 확인도 하지 않고 FX마진 거래(개인이 참여할 수 있는 국제 외환 거래)에 손을 대거나, 선물 매매(주식 등을 미래에 미리 정한 가격으로 매매하는 거래)를 하는 사람도 있었다. FX마진 거래나 선물은 변동성이 크고 구조가 복잡해서 전문가도 큰 손해를 본다. 잘 알지도 못하면서 손대면 위험하다. 아무리 가계 살림을 알뜰히 관리해도 이런 투자로 실패하면 꽝이다. 결과가 아쉬운 정도가 아니라 생계가 위험해진다.

투자는 도박이 아니다. 돈에 한해서는 자신이 모르는 곳에는 절대 손을 대면 안 된다. 돈 관리에 관해 남의 정보를 그대로 받아들여서 따라 하거나 누군가에게 통째로 맡겨 버리는 일은 편하고 쉬워 보인다. 그러나 절대로 하면 안 된다. 자기 인생의 주도권을 남에게 넘기지 말자.

사람은 누구나 마음속에 소중한 가치관, 양보할 수 없는 주관을 품고 산다. 그것들이 충족될 때 편안함과 안정감을 느낀다. 돈도 그렇다. 그런데 돈에 관해서는 자기답게 돈을 다루는 방식을 확립한 사람이 매우 적다. 재테크에 관한 정보가 넘쳐나고 점점 더 복잡해지는 현대 사회에서 특히 어려운 일이기는 하지만, 우리는 이런 함정에 빠져서는 안 된다.

교육이 오히려 금융 이해력을 떨어뜨린다

바쁘고 피곤해서 자산 관리를 할 수 없다고 핑계를 대는 이가 있다. 그러나 이것이 돈 다루는 능력이 부족한 직접적인 이유가 될 수는 없다. 근본적인 원인은 다음 두 가지다.

하나는 돈에 대한 지식이 없어서 즉 금융 이해력이 낮아서다. 한국의 경우 2026년도에야 '금융과 경제생활'이라는 과목이 고등학교 선택과목으로 신설될 예정이다. 일본 역시 2022년이 되어서 고등학교에 금융교육이 필수과목으로 지정되었다. 그동안은 돈에 관한 지식을 얻을 기회가 거의 없었던 것이다. 게다가 동양 문화권에서는 '다른 사람 앞에서 돈 얘기를 노골적으로 하거나 돈이 좋다고 대놓고 말하는 것은 상스러운 행동이다' 같은 부정적인 생각이 깔려 있다. 이를 어린 시절부터 주입받은 탓에 평소 돈에 관해 남들과 솔직하게 대화할 기회가 적다. 이래서는 금융 이해력을 높일 수 없다.

또 하나는 우리의 교육이 선생님과 사회가 '정답'이라고 하는 것만을 받아들이는 방향으로 흘러왔기 때문이다. 세상일에 유일한 정답은 없다. 그런데 우리의 교육은 전제 조건을 의심하고, 자신의 머리로 생각하고, 스스로 판단하는 행위를 꼭 좋게 보지는 않았다. 관리하는 쪽이 편하도록 사회 분위기가 만들어졌던 것이다. 의문과 의견을 제시하면 안 되는 분위기 속에서 성장해 왔다고 해도 과언이 아닐 것이다.

2018년 경제협력개발기구OECD가 실시한 교수-학습 국제 조사TALIS 결과를 보면 한국의 경우 초·중학교 교사가 학생에게 '비판적 사고가 필요한 과제를 내주는' 기회가 OECD 평균과 비교해 보면 지극히 적다. 의무 교육이 학생에게 비판적으로 사고하는 크리티컬 싱킹critical thinking을 가르치고, 정답이 없는 물음을 접하게 하려는 노력을 소홀히 해 왔음을 알 수 있다.

돈이 어렵기만 한 당신이 읽어야 할 책

정답을 암기하는 능력만 높게 평가하면 학생들은 생각을 멈추게 된다. 세상의 정답만 믿는 삶은 타인을 중심으로 두고 사는 삶이라고 할 수 있다. 그렇게 살면 자신이 원하는 모습과 현재 돈을 다루는 방식이 일치하지 않는 것이 당연하다. 다양한 정보를 자세히 살피고 제대로 생각한 뒤에 자신이 원하는 모습 즉, 자기 중심을 세운 삶이 무엇인지 알자. 그리고 자신이 돈을 다루는 방식과 일치시키도록 하자.

자기다움이 가장 중요하다

자신이 원하는 삶. 어떤 것을 말할까? 세상에는 '나는 원하는 바가 있고 꼭 그렇게 살 거야!'라고 외치는 사람이 있는가 하면 '내가 인생에서 뭘 원하는지 잘 모르겠어'라고 힘없이 중얼거리는 사람도 있다.

자기다움이란 어떤 것일까? 속이거나 겉을 꾸미지 않은 본연의 제 모습, 있는 그대로의 모습이라고 정의를 내릴 수 있겠다. 인생은 단 한 번뿐이다. 자신의 소중한 가치관과 이것만은 양보할 수 없는 부분에 귀를 기울이자. 기분 좋게 살 수 있

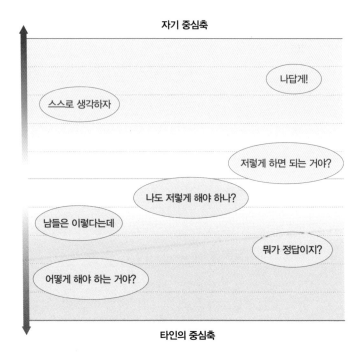

게 만드는 선택을 반복해서 하자. 무엇보다 우리는 제각기 다른 인생을 산다. 취미와 직업, 사는 장소까지 결코 같을 수가 없다. 남이 좋다고 생각한 것이 자신에게도 좋은지는 알 수 없다.

개인적인 경험을 한 가지 소개하겠다. 과거 컨설턴트로서 컨설팅 일을 배우기 시작한 지 얼마 안 되었을 때 일이다. 당

돈이 어렵기만 한 당신이 읽어야 할 책

시 나는 고객에게 도움이 되고 싶은 마음에 온갖 대처법과 해결 방안을 제시했다. 고객들은 "그거 좋겠네요. 해 볼게요!"라고 했지만, 다음 시간에 만나 물으면 "사실 안 했어요.", "조금 하다가 관뒀어요."라는 답이 돌아오기 일쑤였다. 고민 끝에 선배에게 상담했다.

그때 알게 된 점이 있다. 자신에게 최선인 선택은 자기 자신밖에 모른다는 것, 컨설턴트가 고객 대신 생각하고 대처법을 조언한들 소용없다는 것이었다. 컨설턴트는 고객이 제대로 생각하고, 스스로 판단할 수 있도록 돕는 데 주력해야 했다. 그 점을 배운 뒤로 더 이상 직접적인 대처법이나 해결 방법을 조언하지 않았다.

여전히 "정답을 가르쳐 주세요!", "선생님이라면 어떻게 하시겠어요?"라고 묻는 상담자도 있지만, 지금은 어떻게든 그들이 스스로 판단할 수 있는 환경을 만들어 주려고 한다. 남들이 좋다고 생각하는 답을 전해 주는 것이 아니라, 스스로 생각할 수 있는 장을 마련했을 때, 비로소 고객이 정말 원하는 방향으로 발을 내디디는 것을 실제로 목격했기 때문이다. 그때 경험은 내게 큰 영향을 미쳤다.

본인이 원하는 모습, 삶은 자기 자신밖에 모른다는 점을 마음 깊이 새겨야 한다. 선생님이나 부모님, 배우자, 친구 등 주변 사람이 아무리 나를 위해 고민해 내린 결론이라 해도 그것은 그들의 정답일 뿐이다. 그것을 선택할지 말지는 자신이 판단할 몫이다. 자기답게 살려면 우선 눈앞의 일을 스스로 생각하고 판단해야 한다. 이런 경험을 반복해 쌓아 나가야 그 누구의 것도 아닌, 자기의 삶을 자기 이상에 가깝게 만들 수 있다.

사람은 반드시 죽는다

지금 하는 일이 일단락되면, 육아가 끝나면, 퇴직하면……. "언젠가 ○○하고 싶다."라는 말을 한 적도, 들은 적도 있을 것이다. 그러나 지금 그 일을 하지 않는 것은 다시 말해 스스로를 무시하는 것과 다를 바 없다.

잊어버리기 쉽지만, 사람이 죽을 확률은 100%다. 누구나 언젠가는 반드시 인생의 끝을 맞이한다. 다만 그때가 언제인지 모를 뿐이다.

남은 시간이 얼마나 있는지 안다면 거꾸로 계산해서 최적의 타이밍에 최적의 결정을 내릴 수 있을지도 모른다. 하지만 우리는 그럴 수 없다. 그러니 이상적으로 생각하는 바와 동떨어진 삶에 안주하지 말고, 자기다운 삶을 후회 없이 살아야 하지 않을까? 긴 것 같지만 짧고, 짧은 것 같지만 긴 우리 인생. 지금이 인생의 어느 시점이든 '오늘'이 가장 젊은 날이다. 100세 시대다. 지금 여러분이 몇 살이든 늦지 않았다. 나에게 돈관리를 배우러 온 수강생들은 20대부터 70대까지 연령층이 다양하다. 생각났을 때, 당장 한 걸음 내디뎌야 한다. 남들이옳다고 여긴 길을 답습하지 말고, 자기다운 삶을 사는 데 필요한 첫걸음을 지금 당장 내디뎌 보자.

돈은 내 인생을 위해 존재한다

여기까지 읽은 독자 중에는 '돈에 관한 책인 줄 알았는데 자기다운 삶의 방식을 찾으라는 이야기인가?'라는 생각이 들어당황한 사람도 있을 수 있다. 그러나 앞서 설명한 대로 돈을모으든, 불리든, 지키든 무엇을 하든지 간에 가장 중요한 것은자기다움이다. 여러 번 반복해 말하지만, '내 인생을 위해 돈이 존재한다'라는 점을 기억해야 한다. 돈을 위해서 인생을희생하는 삶은 본말이 전도된 삶이다. 우선 자기 자신을 제대

본인이 원하는 삶을
살고 있지 않다면 돈을
체계적으로 정리해야 한다!

이상적인 삶

현재의 삶

돈을 정리할 줄 알아야 원하는 바를 이룰 수 있다.

로 파악하고 자기다운 삶의 방식을 찾는 데서 모든 것이 시작된다.

이 책은 준비 단계에서 '자기다운 삶의 방식'을 찾아내고 기초를 다진 뒤, 저축(1단계), 일하기(2단계), 투자(3단계)의 방법을 순서대로 전달한다. 책의 초반부에서는 '나다운 삶의 방식'에 관해 말하는 데 지면을 할애했다. 돈을 모으거나 벌거나 불리거나 어쨌든 자신이 중심축이 되어야 하기 때문이다.

그런 다음 후반부에서는 구체적인 투자 방법을 알기 쉽게 설명했다. 다 읽고 나면 틀림없이 자신의 인생을 기분 좋게 꾸려 가는 데 필요한 금융 지식이 붙을 것이다. '내가 이렇게까지 돈에 관해 자유자재로 사고하고 행동할 수 있다니!'라고 감탄하게 될 것이다.

준비 단계

재테크는
'나'에서
시작한다

우선 당신의 돈부터 정리하자

여기서는 '저축', '일하기', '투자'에 들어가기 전 무엇을 준비
해야 하는지 설명한다. 이는 돈에 휘둘리지 않고 오히려 잘 이
용하는 사람이 되기 위해서다. 가장 중요한 내용이므로 장 하
나를 할애했다. 조금이라도 빨리 실용적인 내용을 알고 싶은
사람도 꼭 읽어 주길 바란다. 분명 여러분이 볼 수 있는 세계
가 달라질 것이다.

　나답게 돈을 다루는 방법을 찾는 데 있어 중요한 키워드

부터 살펴보자. 그것은 바로 '체계적으로 정리하기'다. 돈을 힘들게 벌고, 모으고, 투자해 불리기 전에 먼저 가져야 할 마음가짐이 있다. 바로 돈을 정리하는 것이다. 우리는 몸이 건강하면 마음에 여유가 생기고 긍정적인 감정이 솟구친다. 일정이 정리되면 안달복달하지 않고 남에게 폐를 끼치지 않아도 된다. 방이 잘 정돈되면 기분이 좋을 뿐만 아니라 찾는 물건을 바로 발견할 수 있어 시간을 효율적으로 쓸 수 있다.

돈도 마찬가지다. 자금 상황을 체계적으로 정리해서 지금 얼마나 보유하고 있는지, 향후 얼마의 수입과 지출이 발생할지 파악할 수 있으면 미래 계획을 세우기 쉬워진다. 본인도 모르는 사이에 나가는 돈을 줄이고, 후회할 게 뻔한 지출을 없애며, 자신에게 소중한 사람 또는 물건에 돈을 써야 만족도가 높아진다. 자금 상황을 체계적으로 정리하면 인생도 깔끔하게 정돈된다.

나를 움직이는 의욕 스위치를 찾자

'나는 내 돈을 잘 정리해 두었다'라는 확신이 생기면 인생이라는 자동차의 핸들을 자기 손으로 잡고 살고 있음을 실감할 수 있다. 이러한 만족감과 자기 효능감, 미래를 전망할 수 있다는 데서 기인하는 안도감 등은 자신감으로 이어진다. 그리되면 기분 좋고 만족스러운 시간이 늘어난다.

자기 힘으로 자기 자신을 기분 좋은 상태로 이끄는 힘을 나는 '해피 파워'라고 부른다. 해피 파워가 큰 사람 주변에는 자연스럽게 사람이 모여든다. 믿을 수 있는 동료와 관계를 맺으면 또 한 번 기분 좋은 효과를 가져온다.

해피 파워를 가지려면 본인이 어떤 요소에 움직이는 사람인지를 알아야 한다. 자신이 어떤 상황에서 동기부여가 되고, 무엇에 의욕이 생기는지 알아 두자. 여러분의 의욕을 자극하는 스위치는 무엇인가? 의욕 스위치의 위치와 크기는 사람에 따라 천차만별이다. 돈, 명예, 정의감, 감사, 기여, 정 등 각자 종류가 다르다. 어떨 때 분노를 느끼는지도 알아야 한다. 분노를 느낀다는 것은 자신에게 소중한 무언가, 즉 자신의 신조, 신념을 침해당했다는 신호이기 때문이다.

여러분의 감정이 움직이는 것에 귀를 기울여서 의욕을 자극하는 스위치를 찾길 바란다. 그리고 늘 기분 좋게 지내기 위해 해피 파워를 키우자. 지금 상황이 정리되면 자신감이 생긴다. 그리고 그 모든 과정은 '자기답고' 이상적인 삶의 방식으로 이어진다.

스스로가 어떻게 살고 싶은지를 알면, 다시 말해 자기 인생 지도를 손에 넣고 나면 기분 좋게 살 수 있다. 목적지와 대략적인 이정표를 알고 있으면 안심하고 앞으로 나아갈 수 있다. 어둠 속에서 길을 잃는 예기치 못한 상황에서도 북극성처럼 자신을 이끌어 주는 표식이 있다면, 조금은 여유롭게 궤도를 수정할 것이다.

굳이 계획을 세우지 않은 채, 빈 지도를 들고 우연한 만남 '세렌디피티'를 즐기는 삶의 방식도 멋있다. 언뜻 보기에는 미리 계획하는 삶과 정반대로 보이지만, 둘 다 문제없는 방식이다. 지금 여러분이 원하는 인생 지도는 어떤 것인지 자신이 선택하면 된다. 현재 있는 자리에서 생각 없이 사는 것이 아니라, 스스로 선택하고 전진하는 힘이 중요하다.

확실하지 않은 것은 모두 리스크

책의 처음부터 '자신에 대한 투자야말로 최고의 투자'라고 말했다. 리스크는 한없이 줄이면서 수익은 극대화할 수 있는 유일한 방법이기 때문이다.

우선 금융에서 '리스크'가 무엇인지 정의를 짚어 둘 필요가 있다. 투자를 이야기할 때는 리스크라는 단어가 자주 등장한다. 리스크란 일반적으로는 위험성을 의미하지만, 투자의 세계에서는 확실하지 않은 것을 가리킨다.

보통 투자는 이익이 날지 손해가 날지 모를 때가 많다. 그것을 불확실성, 리스크라고 부른다. 여기서 눈여겨볼 것은 손해뿐 아니라 이익이 될 수 있는 부분도 리스크라고 한다는 점이다. 앞날을 내다볼 수 없는 것이 리스크다.

자신에게 투자할 때, 이를테면 무언가를 배울 때 돈이 얼마가 들지는 사전에 쉽게 알 수 있다. 학비가 나중에 가서 확 늘거나 줄어드는 일은 별로 없다. 그런데 그 수익은 승진, 이직, 창업 등을 통해 평생 얻을 수입을 키울 가능성이다. 이렇게 놓고 보면 리스크는 억제하기 쉽고, 수익은 늘리기가 쉽다. 수익을 어디까지 늘릴 수 있는지 묻는다면 여러분 하기에 따라 무한대가 될 수 있다 답하겠다.

자신에게 투자하라고 하면 스스로에게 돈을 쓰는 상황에 죄책감을 느끼거나, 자꾸만 자신보다는 타인을 우선시하려는 사람이 있다. 예를 들어 가족부터 생각하는 경우다. 경제적으로 누군가에게 의존하는 상황이라면 자신에게 투자하기 전에

돈이 어렵기만 한 당신이 읽어야 할 책

허락이 필요할 수도 있다. 그러나 진정한 자유를 얻으려면 '이 투자는 인생의 중요한 전환점이다'라고 생각해야 한다. 자기 답게 살고 싶다면 무슨 일이 있어도 정신적으로나 경제적으로 자립을 도모해야 한다. 자기 중심을 잡고 이에 따라 선택할 수 있어야 한다.

　지금 다니는 직장이나 하는 일이 영원할 거라는 보장은 없다. 기혼자는 배우자의 수입이 끊겨 힘들어질 수도 있다. 경제적인 이유로 이혼을 못 할 가능성도 있다. 미래에 곤란을 겪지 않도록 모든 상황에 대비해 자립하자.

돈을 아는 것이 세상을 아는 것

돈에 관한 지식이 있으면 세상의 구조와 흐름이 눈에 쉽게 들어온다. 처음에는 단편적으로 알던 뉴스 파편들이 연결되면서 사회 전체가 보일 것이다. 돈을 공부한 수강생들은 '뉴스에 나오는 사건들의 배경이 이해된다', '경제 상황 예측이 쉬워졌다', '세상이 달리 보여서 즐겁다'라는 이야기를 자주 한다.

　무언가를 선택하기도 쉬워진다. 돈을 알면 하나부터 열까지 좋은 점투성이다. 돈에 관해 배우고 어느 정도 지식을 쌓은 사람이 실제로는 그리 많지 않다. 돈 이야기를 어렵게 생각하거나 귀찮게 여기는 사람은 누군가에게 통째로 맡겨 버렸으면 좋겠다고 생각할지도 모른다. 재테크에 대해 부정적인 이미지를 가진 사람은 돈에 관해 배우거나 누군가와 자산 이야기를 나누기가 망설여질 수도 있다.

하지만 세상을 모르면 속고 살 가능성이 크다. '왠지 이상하다' 싶어도 모르기 때문에 방치하고 있다가 손해를 보기 쉽다.

우리는 모두 자기 인생을 살 권리가 있다

여기서부터는 여러분이 '이상적으로 생각하는 삶의 방식'을 함께 찾아보고자 한다. 우선 자신의 현재 위치부터 확인해 보자.

다음 평가지를 살펴보자. 예시를 보면 여덟 가지 분야에서 현재 만족도를 0점에서 10점 범위로 기재하고 이를 선으로 연결한 것을 알 수 있다. 여러분도 따라서 한번 해 보자. 참고로 이 평가지에서 말하는 물리적 환경이란, 현재 거주지나 근무지 환경, 출퇴근 상황 등을 떠올리면 된다.

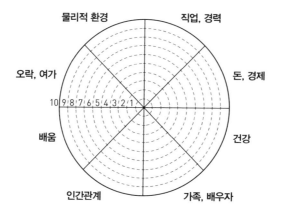

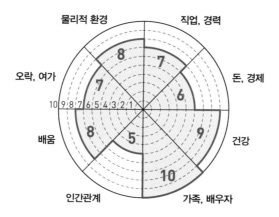

자신의 현재 위치를 알아야 한다!

평가지를 작성하면서 느낀 점이 있는가? 눈에 띄게 점수가 낮은 분야나 높은 분야가 있는가? 선으로 연결한 도형의 크기는 어떠한가?

해당 도형은 현재 여러분의 만족도를 나타낸다. 당시의 신체 컨디션이나 바쁜 정도 등에 따라 크기가 바뀔 수 있기 때문에, 앞으로도 주기적으로 그리면서 변화 추이를 확인할 것을 추천한다.

만족도가 높은 항목은 무엇인가? 반대로 낮은 항목은 무엇인가? 높은 항목은 왜 그렇다고 생각하는가? 이유를 생각해서 표시하도록 하자. 또 점수가 낮은 항목은 앞으로 1점만 더 올리겠다고 생각하기를 바란다. 실제로 하나하나 살펴보면 느끼는 바나 생각나는 바가 있을 것이다. 이를테면 어렸을 때 하고 싶었던 일이나, 좋아하면서도 도중에 포기해 버린 일 등이 떠오를 수도 있다.

하지만 이 단계에서 꼭 뭔가 목표를 정하고 구체적으로 행동하라는 말은 아니다. '자기답게 만족스럽게 살고 있는지'를 돌아보면 된다. 내 경우를 예로 들자면 나의 인생 지도는 무엇이든 그릴 수 있는 백지에 가깝다. 나는 죽음을 맞이하는 마지막 순간에 '나답게 살았다! 후회할 것이 아무것도 없다!'라고 말할 수 있는 인생이 최고라고 생각한다.

돈이 어렵기만 한 당신이 읽어야 할 책

자기답다는 것은 어떤 상태를 말할까? 자기 자신이 지향하는 방향으로 나아가되, 기분 좋게 살 수 있는 상태라고 생각한다. 자신이 소중하게 여기는 가치관과 양보할 수 없는 주관이 무엇인지를 알고, 일상을 소중히 여기면서 살아가는 것이다. '내 인생은 나의 것!'이라고 진심으로 느껴야 한다. 우리는 각자 자기 인생을 살 권리가 있으니까 말이다.

"사람은 태어나면서부터 창의적이고 재능이 넘치며 부족함이 없는 존재다People are naturally creative, resourceful, and whole." 컨설팅을 하면서 마음에 새긴 말이다. 처음 들었을 때는 바로 이해하지 못했지만, 경험을 쌓으면서 이 말이 얼마나 대단한 말인지 깨달았다.

우리는 모두 보물이라고 부를 만한 훌륭한 재능을 가지고 있다. 어느 한 사람도 같은 사람이 없고, 각자가 훌륭한 존재다. 그저 살아 있기만 해도 장한 존재인 것이다. 그리고 이 점을 믿고 자신의 자원인 능력, 시간, 에너지, 돈, 인맥 등을 최대한 활용할 수 있다면 인생을 원하는 방향으로 이끌 수 있다.

비싼지 싼지는 각자의 마음에 달렸다

우리는 누구나 '마음속 지갑'을 가지고 산다. 같은 물건이나 서비스를 보고도 누구는 비싸다고 느끼고 누구는 싸다고 느낀다. 같은 사람이라도 당시 상황이나 신체 컨디션에 따라 완전히 다르게 판단하기도 한다.

인간은 자신이 소중하게 여기는 것과 좋아하는 것에 대해서는 마음속 지갑이 비교적 쉽게 열리는 경향이 있다. 반대로 관심 없는 물건과 서비스는 비싸게 느껴진다. 마음속 지갑이 굳게 닫혀 버린다. 자기 마음속 지갑에 어떤 특징이 있는지를 살펴보면 새로운 사실들을 발견하는 재미가 있을 것이다. 중요한 것은 자신만의 판단 축이다. 남들의 평가는 상관없다. 늘 자기 마음속 지갑을 기준으로 삼아 사물을 판단해야 한다.

우리 앞을 가로막는 '원래 그래'

무언가를 바꾸려 할 때 '시간이 없다', '돈이 없다', '가족이나 주위 사람에게 폐를 끼칠까 봐 걱정된다', '지금까지의 경험상

어쩔 수 없다', '이제 젊지 않다' 따위의 이유를 드는 사람이 있다. 나다운 삶을 향해 한 발 내디디려 할 때 그런 마음이 든다면 그것은 변화에 대한 저항이다.

기존에 소비한 시간이나 돈, 에너지를 매몰 비용이라고 한다. 매몰 비용이 아깝다고 해서 그만두어야 할 때 그만둘 수 없는 사람은 과거에 살고 있는 것과 같다. 실패도 알고 보면 성공으로 가는 한 단계에 불과할지 모른다. 일단 시도해 보자. '안 되면 관두지!'라고 마음먹으면 편안해진다.

또한 세상에는 과거로부터 전해져 내려오는 전통과 관습, 암묵적 규칙이 있다. 그 때문에 현재 상황에 거부감을 느껴도 목소리를 내지 못하고, 분명히 문제가 있는데도 행동하지 못할 때가 있다. "다들 이렇게 하면 된다고 하잖아." "계속 그렇게 해 왔는데, 뭘." 참으로 자주 듣는 말이다.

하지만 생각해 보자. '다들'이라니 그늘은 내체 누굴까? 계속해 온 방식이 있으니 바꾸지 않겠다는 말은 생각을 포기한 것 아닐까? 껍데기만 남은 규칙을 지키라는 압력을 계속해서 받다 보면 뭘 해도 소용없다는 관념이 머릿속에 깊이 박혀 생각하기를 멈추게 된다. 세상의 눈치나 보고 세상이 정해 놓은 규칙에 순종하기만 하는, 남의 중심축을 따르는 삶, 말하자면 타인을 맹신하는 신자가 되고 마는 것이다.

자기 중심축과 남의 중심축에 관한 이해를 돕기 위해 체크 리스트를 만들어 보았다. 직감에 따라 답해 보고, 자신의 경향이 어느 쪽에 기울어져 있는지 궁금할 때 활용해 보길 바란다.

누군가가 정해 준 방식을 따라 사는 것이 편할 때도 있다. 이는 남이 운전하는 차를 타서 자신은 직접 운전하지 않아도 되는 상태다. 편할지는 모르겠으나, 자기 인생의 핸들을 남에게 넘겨주는 것과 같다.

직접 운전한다는 것은 어떤 상태를 가리키는가? 이는 바로 현재 세상에 무슨 일이 일어나고 있는지를 아는 상태다. 바깥세상에서 무슨 일이 일어나고 있는지 알고, 그런 다음 자신을 바꿀지 말지를 직접 선택하자. 가장 나쁜 것은 현상 유지가 편하다고 변하지 않고 귀를 닫아 버리는 자세다. 그런 사람은 세상에 뒤처질 수밖에 없다.

가까운 미래에 존재감이 완전히 사라질 수도 있다. 과장이 아니다. 진화론을 주장한 찰스 다윈도 말했듯, 환경에 적응한 생물이 후세에 자손을 남긴다. 진화한 자만이 살아남을 수 있는 것이다. 자신이 소중히 여기는 가치관과 양보할 수 없는 바를 이해하고, 스스로 생각하고 판단하기 위한 자기 중심축을 가져야 한다. 세상의 구조와 변화를 이해하고, 인생의 핸들은 자기 손으로 단단히 잡고 살아가자.

자기 중심축이 단단한 경우

- ☐ 자기 의견을 밝힐 수 있다.
- ☐ 누군가에게 미움받아도 개의치 않는다.
- ☐ 사람은 각자 다른 것이 당연하다.
- ☐ 상식의 틀에 얽매일 필요가 없다.
- ☐ 내 미래는 내가 결정한다.
- ☐ 스스로 결단할 수 있다.
- ☐ 자기 자신을 믿는다.
- ☐ 기분 좋게 지내는 방법을 안다.
- ☐ 자신과 자신 이외의 세계를 구분해서 파악할 수 있다.
- ☐ 싫을 때는 거절할 수 있다.
- ☐ 직접 조사한 뒤 판단한다.
- ☐ 자신이 하고 싶은 일이 무엇인지 안다.
- ☐ 인생의 핸들을 자신이 쥐고 있다.

남의 중심축에 따르는 경우

- ☐ 자기 의견을 말하는 데 서투르다.
- ☐ 누구한테도 미움받고 싶지 않다.
- ☐ 별난 사람으로 보이고 싶지 않다.
- ☐ 님들과 같을 때 안심된다. 상식적이기를 원한다.
- ☐ 부모, 배우자, 상사 등의 기대에 부응해야 한다.
- ☐ 결정 장애가 있다. 누군가가 결정해 주면 좋겠다.
- ☐ 주변 사람의 언행에 자주 짜증이 난다.
- ☐ 환경이나 주변 사람의 영향을 쉽게 받는다.
- ☐ 부탁받으면 거절하기 어렵다.
- ☐ SNS 속 정보에 자주 휩쓸린다.
- ☐ 하고 싶은 일이 뭔지 모르겠다.
- ☐ 내 힘으로 살고 있다는 생각이 들지 않는다.

본인이 어디에 가까운지 생각해 보자!

돈은 나를 위해 싸우는 유용한 무기

우리는 다양한 자원을 보유하고 있다. 그중에서도 돈은 힘이
세다. 무엇을 하든 돈이 있어야 한다. 돈이 있으면 자신을 위
해 쓸 수 있을 뿐만 아니라 가족이나 친구를 돕거나 기부의
형태로 누군가를 응원할 수도 있다. 돈은 우리의 선택지를 넓
히고 때로는 무기가 되어 우리를 지탱해 준다.

경제적 자립은 모든 사람에게 중요한 주제다. 나다운 삶
을 살기 위해 가장 먼저 해야 할 일은 '나답게 살려면 돈이 얼
마나 필요한지'를 파악하는 것이다.

이를 귀찮게 여기는 사람도 있다. 그러나 이것은 너무나도
중요한 기초이기 때문에 함께 다음 페이지의 비전 노트를 작
성해 보자. 완벽하지 않아도 괜찮으니 일단 쓰기 시작하자. 정
리하다 보면 기분이 가뿐해진다. 상담했던 사람 중에는 이제
는 정기적으로 비전 노트를 안 쓰면 불안하다는 경우도 있다.

우선 여러분의 비전과 삶의 목적에 관해 생각해 보자. 여
기서 말하는 비전이란, 자신이 어디로 향하는지, 목적으로서
의 미래를 말한다. 또 삶의 목적이란, 자신이 왜 존재하는가
하는 이유를 말한다.

노트에 있는 아홉 개 칸을 채워 보자. 너무 세세한 내용에

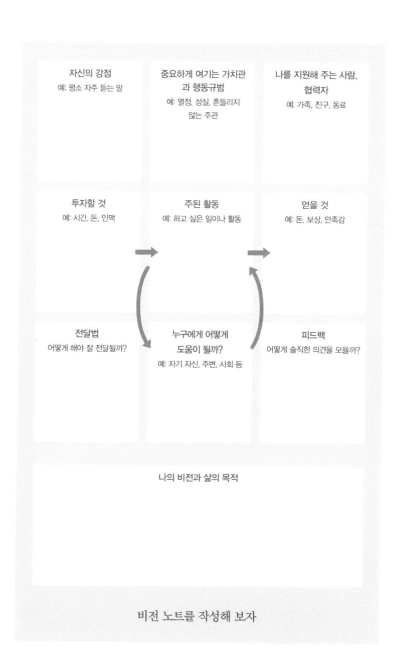

자신의 강점	중요하게 여기는 가치관 과 행동규범	나를 지원해 주는 사람, 협력자
예: 평소 자주 듣는 말	예: 열정, 성실, 흔들리지 않는 주관	예: 가족, 친구, 동료

투자할 것	주된 활동	얻을 것
예: 시간, 돈, 인맥	예: 하고 싶은 일이나 활동	예: 돈, 보상, 만족감

전달법	누구에게 어떻게 도움이 될까?	피드백
어떻게 해야 잘 전달될까?	예: 자기 자신, 주변, 사회 등	어떻게 솔직한 의견을 모을까?

나의 비전과 삶의 목적

비전 노트를 작성해 보자

얽매이지 않도록 주의하면서 작성한다. 자신이 다른 사람이 되었다고 생각하고 조금 떨어진 곳에서 스스로를 바라보자. 전체를 내려다보기 쉽다. 이를 메타인지라고 부른다. 칸이 다 채워지면 자신의 비전과 삶의 목적을 생각해 보자. 표어나 캐치 카피처럼 단순하고, 명료하며, 기억에 잘 남는 것이 좋다.

내 이상적인 삶에는 얼마가 필요할까?

비전과 삶의 목적이 결정됐으면 이제 이를 위해 돈이 얼마나 필요할지를 파악해 보자.

먼저, 라이프 이벤트 노트에 앞으로의 인생에서 해 보고 싶은 것을 구체적으로 적고 이에 필요한 지출을 적는다. 다음으로는 현재 보유한 자산에서 비용을 빼서(정확히는 '공제한다'라는 표현을 쓴다) 대략적인 부족액을 계산한다.

이렇게 해서 얻어진 결과가 여러분이 일해서 벌거나, 금융상품을 운용해서 불리거나 아니면 보험에 가입해서 준비해야 하는 금액이다. 이 방법으로 자신이 원하는 삶을 살기 위해 어느 정도의 돈이 필요한지를 파악해 보자.

돈이 어렵기만 한 당신이 읽어야 할 책

앞으로 인생에서 하고 싶은 일을 적고 필요한 비용을 적는다.

	가족 구성	나이				
		2025	2026	2027	2028	2029
자신						
가족 1						
가족 2						
가족 3						
이벤트						
항목						
예상 비용						
비고						

	나이					2100
	2030	2031	2032	2033		
자신						
가족 1						
가족 2						
가족 3						
이벤트						
항목						
예상 비용						
비고						

라이프 이벤트 노트를 작성해 보자!

노후자금을 가늠해 보자

라이프 이벤트 노트를 적으며 자신에게 필요한 금액을 예상했는가? 여기서 잠깐, 라이프 이벤트 노트를 작성할 때 사람들이 가장 많이 고민하는 노후 자금 작성법을 설명한다.

2019년, 일본 금융청이 '가구당 노후 자금이 2,000만 엔 (한화 약 1.9억 원)씩 부족할 것으로 추산된다'라고 발표해 세간을 떠들썩하게 했다. 이 뉴스를 들은 사람들은 대부분 퇴직 전에 2,000만 엔을 추가로 더 준비해 둬야 그나마 노후를 빠듯하게 살 수 있다는 말로 받아들였다.

이 2,000만 엔은 당시 금융청 금융심의회 시장 실무반의 보고서를 바탕으로 산출된 금액이다. 은퇴 후 무직 상태인 고령자 가구(부부 2명)의 월 평균 수입은 20만 9,198엔이었다. 지출은 26만 3,718엔이었으니 매달 5만 4,520엔이 부족해 노후를 30년으로 가정하면 약 2,000만 엔이 부족하다는 계산이 나온다는 것이었다.

그런데 이는 대략적인 기준에 불과하다. 애초에 몇 살까지 일하는지와 연금 등의 수입이 사람마다 다르니까 말이다. 더욱이 가족 수나 거주 지역, 취미에 드는 돈이나 교우 관계 등에 따라 지출액에는 더 큰 차이가 난다. 따라서 자신이 원하는 삶

돈이 어렵기만 한 당신이 읽어야 할 책

을 사는 데 필요한 금액은 직접 파악하고 준비해야 한다. 귀찮
더라도 말이다. 자기 인생을 책임질 사람은 자기 자신뿐이다.

노후에 얼마가 필요할지를 알려면 과거 자신이 돈을 어떻
게 썼는지를 봐야 한다. 이 말을 듣자마자 '나는 매달 얼마나 쓰
고 있나?'를 따져 보는 사람도 있을 것이다. 잠시 후, 매달 얼마
나 사용했는지를 파악하는 방법도 설명한다. 같이 산출해 보자.

비전 노트와 라이프 이벤트 노트는 완성한 이후에도 언제
든 수정할 수 있다. '기분 좋은 삶'을 위해 그때그때 상황에 맞
춰서 차분히, 세심하게 재검토하기를 바란다.

돈은 직접 벌어야 한다

'자산을 불리기 위해 해야 할 일'이라고 하면 무엇이 가장 먼
저 떠오르는가? 절약하기? 월급을 더 주는 곳으로 이직하기?
아니면 불로소득 늘리기? '복권에 당첨되면 좋겠다', '돈을 많
이 버는 배우자를 만나면 좋겠다' 등 일하지 않고 살기를 원
하는 사람도 있다. '주식이나 부동산 투자도 좋겠는데……'라
고 생각하는 사람도 있을지 모른다.

그럼, 여기서 두 가지를 따져 보자.

① 그 희망이 실현될 가능성은 얼마나 되는가?
② 실현된다고 해도 그 상태가 죽을 때까지 지속될 가능성은 얼마나 되는가?

참고로 한국에서 로또 1등에 당첨될 확률은 814만 5,060분의 1이다. 미국 파워볼의 경우는 더 희박하다. 무려 1등 당첨 확률이 2억 9,220만 분의 1이다. 일본 연말 점보 복권 1등 당첨 확률은 2,000만 분의 1이라고 한다.

복권이야 가망이 없다고 하더라도, 돈을 잘 버는 배우자를 만날 확률은 그보다는 높다. 그러나 역시 운과 인연이 필요하고, 노력만으로는 어떻게 할 수 없다. 2023년 한국의 혼인 건수와 이혼 건수를 보면 인구 1,000명당 4명이 결혼하고 1.8명이 이혼했다. 일본에서는 약 세 쌍 중 한 쌍이 이혼한다. 부부가 평생 화목하게 살 수 있다는 보장은 어디에도 없다.

주식이나 아파트에 투자해 이익을 얻으려 해도 충분한 지식이 없으면 큰 손실을 볼 리스크가 있다. 이렇게 생각하면 남은 길은 한 가지다. 그것은 '자신'이 확실하게 할 수 있는 일, 즉 자신이 주체가 되어 돈을 버는 일이다.

일주일에 몇 시간 일하고 싶은가?

자기 자신에 대한 투자가 최고의 투자라고 말했다. 자신의 미래를 위해 배우고, 기술을 연마해서, 버는 힘을 키우는 것이야말로 가장 확실하게 자산을 불릴 방법이다.

여러분은 이미 라이프 이벤트 노트를 작성하고 현재 보유 자산과 대조한 결과, 향후 필요한 금액이 얼마인지 파악하고 있다. 꼭 엄밀할 필요는 없고 대략적이면 된다.

그럼, '일하는 것'에 대해 조금 더 생각해 보자. 여러분은 앞으로 얼마나 일하고 싶은가? 잠시 책에서 손을 떼고 곰곰이 따져 보자. 일주일 중 며칠, 하루 중 몇 시간이 좋을까? 몇 살까지 계속 일하고 싶은가?

이제 자신이 일하고 싶은 기간 동안의 근무 시간 총합을 계산해 보자. 예를 들어 주 5일, 하루 8시간 근무를 원한다면 1년(52주) 동안의 총 근무 시간은 2,080시간이 된다. 그리고 여러분에게 필요한 금액을 그 총합으로 나누어 본다. 여러분이 벌어야 할 단가(시간당 수입)가 나올 것이다.

이 방법이 아니라면 원하는 월수입이나 연봉에서 역산해서 필요액을 벌기 위해 몇 년을 일해야 할지 계산해 보는 것도 좋다. 두뇌 훈련 삼아 여러 방법으로 따져 보면서 자신의 버는 힘을 어디까지 키워야 할지를 생각해 보자. 참고로 여기서는 계산을 단순하게 만들기 위해, 소득세나 국민연금, 건강보험료 등은 무시한다.

버는 힘을 키우려면 눈앞에 있는 선택지보다 미래의 선택지를 유념해 두어야 한다. 또 그러기 위해서는 일단 자신이 바라는 바를 알아야 한다. 계속해서 지식을 쌓고 기술을 연마하면 선택 범위가 넓어진다. 지금 잘하는 일만 할 필요는 없다. 할 수 있는 일과 하고 싶은 일은 반드시 일치하지 않는다.

기왕이면 본인이 좋아하는 일이나 자신도 모르는 사이에 몰두할 수 있는 일에서 수익 창출을 실현할 길을 찾아보자. 원하는 모습에 다가갈 수 있도록 스스로에게 확실히 투자하면 좋겠다.

돈에 관해 해서는 안 되는 일

여기서는 돈을 다루는 데 있어 중요한 사항들을 나열해 보겠다. 대단히 중요한 내용이다.

첫째, 직접 조사하고 스스로 생각한 뒤, 자기 머리로 판단해야 한다.

둘째, 귀찮다거나 어렵다거나 바쁘다거나 하는 등의 이유를 붙여서 남에게 맡겨서는 안 된다. 랩 어카운트나 AI 투자 등 누군가에게 일임하는 방식은 쉽고 편한 만큼, 스스로 판단하는 습관을 들일 수 없다. 또 개중에는 일임형이라는 이유로 수수료를 많이 떼는 상품이 있으므로 주의해야 한다.

셋째, 주변에서 추천하는 정보나 투자상품을 그대로 믿으면 안 된다.

넷째, 하물며 투자상품을 판매해 돈을 버는 사람에게 상담을 해서는 안 된다. 은행, 증권사, 보험사, 재무 설계사 등은 여러분에게 상품을 판매하고 그 대가로 수수료를 받는다. 매출을 위해 여러분에게 필요 없는 상품을 추천할 수도 있다.

다섯째, 은행에서 펀드나 부동산 관련 금융상품을 권유해도 안이하게 달려들면 안 된다. 수수료가 높은 상품을 추천하는 경우가 많기 때문이다. 은행에서 살 수 있는 금융상품은 극히 적다.

여섯째, 무료 세미나에서 분위기에 휩쓸려 상품에 가입하면 안 된다. 무료 세미나에 갔다가 투자상품과 보험을 추천받았다는 이야기를 자주 듣는다.

나도 조사를 위해 온라인 쇼핑몰에서 주최하는 무료 금융

세미나에 참석한 적이 있다. 재무 설계사가 기본적인 돈 관리 방법을 설명하는가 싶더니, 보험 상품 상담으로 이어졌다.

그런 자리를 마련하려면 행사장을 빌리고, 다과를 준비하고, 재무 설계사를 초빙해야 한다. 비용이 들기 마련이다. 그 비용은 일반적으로 금융상품 판매자가 부담한다. 참가자는 돈을 내지 않고 다과를 즐길 수 있지만, 대가로 개별 상담에서 자신의 시간과 에너지를 써야 한다.

무료 상품이나 서비스를 접하면 왜 무료인지 잘 생각해보고 판단하자. 차라리 돈을 내고 자신에게 정말 필요한 정보를 얻는 편이 나을 수 있다. 현재뿐 아니라 미래를 내다보고 판단하자.

여러 가지를 설명했는데 '그럼, 누구에게 상담해야 하나?' 싶어서 난감한 사람도 있을지 모르겠다. 돈에 대해 상담하고 싶을 때는 고객의 입장에서 조언할 수 있는 사람에게 가야 한다. 믿을 만한 사람을 찾기 어렵다면 마치 환자가 최적의 치료 방법을 찾기 위해 여러 병원을 돌아다니듯 여기저기 물어서 확인하고 비교할 것을 권한다.

돈이 어렵기만 한 당신이 읽어야 할 책

타인에게 의존하지 말자

우리는 흔히 가족과 친구, 직장 상사와 부하 직원 등에 대해 '이렇게 해 줬으면 좋겠는데', '제발 저러지 말았으면 좋겠다' 같은 기대를 품는다. 특히 가까운 사람일수록 이러한 기대가 커진다.

하지만 안타깝게도 타인과 과거는 바꿀 수 없다. 누군가를 일시적으로 따르게 할 수는 있어도 근본적인 변화를 일으키기는 어렵다. 그런 데 쓰는 시간과 에너지는 낭비로 끝나기 쉽다. 불가능하다는 것을 인정하고 마음을 접는 편이 정신 건강에 좋다.

그러나 자기 인생은 바꿀 수 있다. 만약 자기 삶을 바꾸고 싶다면 우선 그동안 익숙했던 환경이나 친한 사람, 지내던 장소를 떠나 새로운 곳으로 가라. 공간을 바꾸고, 평소와 다른 사람을 사귀기만 해도 얻는 정보와 보이는 세계가 달라진다. 만나는 사람이 바뀔 것이다.

남에게 기대해서는 안 된다. 여러분의 인생은 여러분만의 것이다. 주변 시선을 신경 쓰거나 남이 무언가 해 주기를 기다리면 시간 낭비다. 자신이 '좋아하는 것'을 끝까지 추구하자. 그리고 믿을 수 있는 동료를 찾자. 성향이 비슷한 사람끼리 몰려다니지 말자. 한 사람, 한 가지 일에 너무 빠져들지 않도록 주의하자. 의존은 여러분의 시야를 좁히고, 선택할 힘을 빼앗는다.

다양한 사람과 만나면서 그 차이를 즐기길 바란다. 자신이 원하는 삶을 스스로 디자인하고 후회 없게 살길 바란다. 자기 인생의 핸들을 자기 손으로 잡고 사는 것이야말로 가치 있는 일이다.

'자기 주식회사'의 사장이 되어라

세상에는 많은 기업이 있다. 그 기업들이 하는 일은 거래하고, 기록하고, 관리하는 것이다. 기업의 자금 상황 역시 관리 대상이다. 재무제표라고 부르는 문서를 작성한 뒤, 기업 재정과 경영 상태를 관계자에게 알린다. 경영자는 기업이 존재하는 이유와 지향점 등을 정하며, 목표를 실현하기 위한 전략이 제대로 실행되도록 관리한다.

우리도 '자기 주식회사'의 사장이 되었다고 생각하고 '나다운 삶의 방식'에 따라 자기 삶을 풍요롭게 꾸릴 방법을 생각해야 한다. 자신의 사명과 삶의 목적이 무엇인지, 어떤 전략과 속도로 누구와 함께 앞으로 나아가고 싶은지를 확인하자.

사업 내용, 즉 무엇을 할지 결정할 때는 꼭 하나로 특화할 필요는 없다. 때에 따라 여러 사업을 펼칠 수도 있다. 기업이 다양한 사업을 전개하는 것을 경영 다각화라고 부르는데, 그런 형태로 '자기 주식회사'를 경영할 수 있다는 말이다.

투자할 때 리스크를 여기저기 분산하듯이 '자기 주식회사'를 경영할 때도 여러 창구를 마련해 놓자. 수입이 안정된다. 복수의 창구를 구성해 수익을 얻는 것을 '파이프라인 구축'이라고도 부른다. 특히 창업을 검토하는 사람에게 이를 권한다.

'자기 주식회사'를 경영하려면 필요한 자금을 확인하고 재무 상황도 파악해 둬야 한다. 그러기 위해 개인 차원에서 재무제표를 작성하고 정기적인 업데이트가 필요하다는 사실은 두말할 나위가 없다. 스스로 생각하고, 확인하고, 판단하면 자기 인생을 디자인할 수 있다.

'돈을 다루기 전 준비할 사항'은 여기까지다. 다음 장에서는 돈을 모으는 방법에 대해 배워 보자!

색안경을 벗고
세상을 보자

타인의 생각에 얽매이는 사고방식은 어쩌다 생겨났을까? 혹시 사람들을 쉽게 관리하기 위해 탄생한 것은 아닐까? 기득권을 가진 이가 사회를 효율적으로 운영하기 위해, 우리를 쉽게 지배하기 위해 무의식적인 편견이 태어났다고 생각해 보자.

누구나 무의식에 약간의 편견이 있다. 아이들은 부모님이나 선생님이 좋아하는 일을 하면 칭찬을 받고, 주위와 다르게 행동하면 꾸중을 듣는다. 그런 일이 반복되면 어떤 행동을 하면 좋은지, 어떤 행동은 하면 안 되는지가 몸에 밴다.

이러한 가르침은 영향력이 매우 크다. 아이들은 학력이나 직업, 나이, 성별, 가족 구성 등에 관해서도 주변 어른들의 비합리적 기대와 단정을 쉽게 흡수한다. 무의식중에 색안경을 쓰고 세상을 보게 되는 것이다.

예를 들면 '여자아이에게는 이과가 맞지 않는다', '나이 든 사람이 뭘 해?' 등 성별이나 나이로 상대의 가능성을 차단해 버리는 사람이 있다. 이러한 편견을 가진 사람은 악의가 없어도 타인에게, 심지어 자기 자신에게 상처를 준다.

게다가 선택지도 좁혀 버린다. 편견이 있으면 어떤 일을 하고 싶은지, 무엇이 좋고 싫은지, 어떤 사람과 사귈지 등의 결정이 '정말 자신이 원하는 바'와는 다른 방향으로 흘러간다. 소중한 여러분의 인생이 '나다움'과 멀어지게 된다.

유감스럽게도 이 무의식적 편견으로부터 완전히 자유로운 사람은 없다. 그러니 자기 자신이 가진 편견을 끝없이 살피면서 살아야 한다. 자신에게 편견이 있다는 사실을 의식하면서 색안경을 벗기 위해 노력하자. 거기서 해방되면 세상이 완전히 다르게 보일 것이다.

'원래 그래'에서 벗어나자

가부장제라는 단어를 들어 본 적이 있을 것이다. 이는 남성 연장자가 의사 결정권을 가지는 사회나 가족 제도를 가리키는 말이다.

　일본에서는 1871년에 최초로 본격적인 호적제도가 제정되었다. 1898년에는 이에제도가 도입됐다('이에'는 '집'을 뜻하는 한자 '家'의 일본어 발음이다. ─역자 주). 이에제도의 특징은 가족이 하나의 집안에 속하며 모두가 같은 성씨를 쓰고 남성 연장자가 호주로서 가족을 통솔한다는 점이다. 호주에게는 가족의 결혼이나 주소를 지정할 권리가 부여됐다. 그때까지 무사가문이나 일부에만 적용되던 이에제도를 일반 가정에 적용함으로써 사회를 관리하기 편하게 했다는 설도 있다.

1947년 일본에서 민법이 개정되면서 이에제도가 폐지됐지만, 그 후에도 가부장적인 관념은 뿌리 깊게 남았다. 예를 들어 일본의 법 제도는 지금도 남녀가 부부가 되면 같은 성씨를 쓴다. 그것이 '보통'이다. 세금이나 사회보장에 관한 제도는 남편이 직장에 나가서 돈을 벌고, 아내는 전업 주부로 두 아이를 키우는 '표준 가구'를 기준으로 설계된다. 또 자민당이 내놓은 헌법 개정 초안에 따르면 현행 헌법 제24조 1항(혼인에 관한 규정)을 2항으로 옮기고 가족의 존중과 상호부조 의무에 관한 규정을 새로 마련하자는 내용이 들어 있다. 이는 이미 폐지된 이에제도를 부활시켜 가부장제를 강화하겠다는 것이나 다름없는 움직임이다.

일본처럼 부부 개별 성을 인정하지 않고 호적을 중시하는 나라는 이제 세계적으로 드물다. 또 동성끼리의 결혼이 법적으로 인정되지 않은 나라는 주요 7개국(G7) 중 일본뿐이다. 게다가 남편이 돈을 벌고 아내가 전업주부이며 자녀가 둘이라는 '표준 가구'가 전체 가구에서 차지하는 비율은 5%에도 미치지 못한다. 이 말은 곧 이미 사람들 대부분은 '보통'이라는 틀을 벗어났다는 의미다.

가부장제가 중시되는 사회는 어떤 사회일까? 가부장제는 남성 연장자가 가족을 관리하는 형태이기 때문에 남자는 밖에서 돈을 벌고 여자는 집을 지킨다는 성별 분업을 매우 중요하게 여긴다. 이렇게 되면 정치나 경제 등 집 밖의 분야에 관한 의사 결정권은 남성이 가지고, 여성은 보조적인 입장에 머무르게 된다. 결혼해서 아이를 낳는 부부가 귀해진 지금, 아이 없는 부부가 '생산성이 없다', '이기적이다'라는 식의 비난을 받는 것도 이 때문이다.

사람은 결혼 여부나 자녀의 유무로 평가받아서는 안 된다. 그런데 가부장제적 가치관이 강한 사회에서는 집이 우선이다. 사회 차원에서 관리하기 쉽기 때문이다. 가족 제도를 지키기 위해 암묵적으로 바람직한 개인상과 행동규범을 만들어 놓고, 이를 토대로 삼아 우리를 조종하려는 것이다.

필요 이상으로
자신을 탓하지 말자

자, 이쯤에서 질문을 던져 본다. 다음 세 가지 물음에 답해 보자.

① 아이가 세 살이 될 때까지는 엄미가 키워야 한다.

  예 / 아니요

② '여자의 적은 여자'이기에 여자들끼리 모일 때는 조심해야 한다.

  예 / 아니요

③ 남성과 여성은 뇌 구조가 달라서 역할을 분담하는 것이 좋다.

  예 / 아니요

'예'와 '아니요' 중 어느 쪽이 더 많은가? 이 세 가지 물음은 모두 가부장제를 지탱하는 개념이다. 세미나에서 이런 질문을 던지면 대답은 분명하게 나뉜다. '예'라고 답하는 사람도 일정수 있는데, 이 세 가지는 모두 과학적으로 증명되지 않은 내용이다.

첫 번째 물음은 '3세 신화'라고 불리는 개념이다. 1950년 세계보건기구WHO가 영국의 정신분석가이자 정신과 의사인 존 볼비(John Bowlby, 1907~1990)에게 전쟁고아에 관한 조사를 의뢰했는데, 그 결과가 왜곡되면서 애착 이론으로 고착된 것이다. 애착 이론에 따르면 아이들은 세 살이 될 때까지 한 명 이상의 어른과 애착 관계를 맺는 것이 중요하다. 그러나 그 애착 대상이 꼭 어머니일 필요는 없고 아버지에게도 해당하는 내용이다. 심지어 혈연관계가 아니어도 된다.

두 번째 물음에 나온 '여자의 적은 여자'라는 표현도 자주 듣는 말이다. 남성보다 여성이 더 서로를 적대한다는 의미지만, 사실 확인된 바 없다. 여성을 비난하려는 말에 불과하므로 주의해야 한다. 남성이 그들끼리 끈끈하게 연결되는 올드 보이즈 네트워크를 형성하듯이 여성 사이에도 시스터 후드가 있다.

마지막 물음에 관해 답하자면 성별보다 개인차가 더 크다는 사실이 알려져 있다. 게다가 성별은 남녀만으로 양분할 수 있는 것이 아니다. 성별에 따라 잘하고 못하고를 나눌 것이 아니라, 개인의 특성을 살리는 것이 중요하다.

우리는 그 누구도 무의식적 편견에서 벗어날 수 없다. 세상의 편견, 남녀의 성별 분업, 이에제도와 가부장제가 무의식적 편견과 깊이 연결되어 개인에게 영향을 미친다.

앞에서 세상의 구조와 흐름, 사람들의 사고방식과 행동 양식에 대해 알아야 한다고 설명했다. 이런 점을 이해하는 데 시간을 할애하는 것은 이른바 '사람을 길들이는 투명한 채찍'의 존재를 깨달아야 하기 때문이다. 그 채찍으로 인해 우리의 선택지가 좁아진다.

그 채찍은 우리가 부를 손에 넣는 데 크나큰 장애로 작용한다. 열심히 살아온 사람도 자기 안에 자리 잡은 무의식적 착각이 발복을 삼는다. 남의 중심축에 따라 열심히 살면 자신이 정말로 바라는 바가 무엇인지도 모르는 상태가 되거나, 알아도 해내지 못할 거라며 포기한다. 불안감과 스트레스로 시야가 좁아지기도 한다.

이 채찍의 존재를 알면 대응책을 세우기 수월해진다. 이상적인 삶에 가까워지기 위한 전략을 세울 수 있고, 돈을 비롯한 다양한 자원도 훨씬 효과적으로 다룰 수 있게 된다. 지금 상황이 정리되어, 자기 삶의 방식에 맞게 돈을 벌고 불리는 방법을 실천할 수 있게 되는 것이다.

세상의 채찍이 일상에 얼마나 침투해 있는지, 편견의 영향이 얼마나 큰지를 알면 문제의식이 생긴다. 왜 살기 어려운지를 알 수 있다.

가장 나쁜 태도는 무언가가 잘되지 않을 때, 자신의 노력이 부족해서라든지 기술과 경험이 불충분했다는 등의 이유를 붙여 스스로를 지나치게 비난하는 태도다.

물론 노력도 필요하다. 그러나 사실은 개인의 문제가 아니라 사회구조적 문제로 잘못될 때도 많다. 원인을 자신에게서만 찾으려 하면 문제를 해결할 길은 요원해진다. 필요 이상으로 자신을 탓하지 않도록 하며 개인의 문제인지, 사회구조적 문제인지를 확인하자.

너무 주변만
챙기고 있지 않은가?

중국에서는 과거 발이 작은 여성을 아름답게 여기던 시대가
있었다. 전족이라는 풍습이다. 전족은 여자아이의 발을 어릴
때부터 천으로 꽁꽁 싸매서 성장을 억제하는 것을 말한다. 장
기간 극심한 고통을 견디다 보면 발등은 하이힐을 신은 모양
으로 높이 솟아오르고 발은 끔찍하게 변형된다.

그럼에도 사람들은 전족을 철저히 계승했다. 움직일 때
힘을 줄 수 없어 가냘픈 인상을 줄 뿐만 아니라 밖을 돌아다
니기가 어려워 정절을 지키는 데도 안성맞춤이라고 생각해서
다. 10센티미터 정도의 작은 발로는 마음대로 달릴 수도 없

어, 재해가 발생하면 남성보다 여성이 취약했고 사망률도 훨씬 높았다고 알려진다.

'여성스러움'이라는 말에 의문을 가진 적이 있는가? 여러분의 아름다움은 여러분다움이어야 한다. 그런데 우리가 쓰는 '여성스럽다'라는 말에는 사랑스럽고, 겸손하며, 헌신적이고, 늘 웃는 얼굴로 이야기를 들어 주거나, 상대의 마음을 편안하게 치유해 준다는 뉘앙스까지 포함되어 있다. 너무 남 좋은 일만 하라는 강요 같다.

물론 자신의 자원을 소중한 사람을 위해 사용하면서 행복을 느낄 수도 있다. 그러나 여성스러움을 지나치게 요구받은 나머지, 타인을 보살피는 역할만 수행하는 사태만은 피해야 한다.

여러분이 자신보다 주변을 먼저 챙기는 행위는 정말 자신의 선택에서 비롯된 걸까? 자기희생은 때때로 칭찬과 높은 평가라는 달콤한 결과를 가져다준다. 하지만 가끔은 멈춰 서서 자신의 선택에 대해 생각할 필요가 있다.

여러분의 시간과 에너지는 돈보다 중요하다

예로부터 한의학에서는 부모로부터 타고난 생명의 기운을 선천지정先天之精이라고 불렀다. 선천지정은 시간이 지날수록 줄어들고, 오래지 않아 사라진다.

다만 음식이나 호흡 등을 통해 외부에서 에너지를 받아들여서 생명을 길게 이어 갈 수도 있다고 한다. 이렇게 자신이 후천적으로 쌓은 에너지는 후천지정後天之精이라고 부른다.

두 가지 다른 개념이 있다는 것은 선천지정이 작아도 후천지정을 잘 보완하면 기운 넘치게 살 수 있다는 의미다. 반대로 선천지정을 타고났고 그 양이 많다고 해도 후천지정을 보충하지 않으면 단명할 수 있다는 의미이기도 하다.

시간이나 돈, 에너지 등의 자원도 마찬가지다. 태어날 때 손에 쥔 자원의 양과 질은 사람마다 다르다. 그러나 그와 무관하게 살아가면서 자기 힘으로 확실히 배우고 기운을 보충한다면 훨씬 풍성한 인생을 오래 즐길 수 있다. 그러니 자원을 쓸 때, 후회가 따를 만한 방식은 조금씩 줄이고, 즐겁고 기쁜 일, 열중할 수 있는 일을 하면서 에너지양을 늘리는 것이 바람직하다.

여러분의 시간과 에너지는 돈 못지않게 소중하다. 여러분이 쏟아부을 수 있는 시간과 에너지는 가치 있는 자원이다. 이 셋은 동등하다고 생각해야 한다. 다만, 돈과 달리 눈에 보이지 않기 때문에 자기 시간이나 에너지의 가치를 소중히 여기지 못하고 함부로 쓰는 사람도 있다.

특히 우리는 알게 모르게 타인을 위해 자신의 자원을 쓰라고 권유받으며 자란다. 하지만 스스로를 돌보는 일이야말로 가장 우선시해야 한다. 여러분의 힘은 여러분에게 써야 한다. 그럴 권리가 있다. 그러지 않고 주변 사람들만 돌보느라 너무 애쓰면 지쳐 버릴 위험이 있다.

비행기에 타면 산소마스크 사용법에 관한 안내 방송이 나온다. 자녀를 동반한 경우, 어른이 먼저 마스크를 착용하고 나서 자녀에게도 장착하라고 한다. 이때도 아이에게 먼저 산소 마스크를 씌우고 싶은 마음은 이해한다. 하지만 부모가 먼저 기력이 떨어지면 아이를 살리기도 어렵다.

우리는 자기 자신을 돌보면서 심신을 건강하게 유지하는 것부터 신경 써야 한다. 일, 주변 사람, 사회 전체를 소중히 여기기 위해서라도, 일단 자신과 자기 자원을 정리해야 한다. 그 후 무엇을 할 수 있을지, 자신이 하고 싶은 일이 무엇인지는 여유가 생긴 다음에 생각해도 늦지 않다.

1단계

저축,
기분
좋게
모으자

개미의 삶도, 베짱이의 삶도 위험하긴 마찬가지

첫 단계로 '모으기'에 관해 설명한다. 돈을 모은다고 하면 사람들은 절약을 가장 먼저 떠올린다. 하지만 모으기는 '돈 쓰기'와 떼려야 뗄 수 없는 관계다. 양쪽 다 나다움과 관련이 깊다.

기회는 예상하지 못하는 사이에 다가온다. 손쉽게 낚이는 기회 같은 건 없다. 기회를 얻으려면 스스로가 먼저 알아차려야 한다. 인생의 결정권을 포기하지 않고 의식적으로 노력하면서 하나씩 선택하는 것이 중요하다. 다양한 정보를 수집하고 제대로 조사한 뒤, 자신이 원하는 삶의 방식에 맞는 선택을 거듭하다 보면 인생을 살아가며 큰 차이가 생긴다.

〈개미와 베짱이〉라는 유명한 동화가 있다. 무계획적이고 놀기 좋아하는 베짱이는 낭패를 겪고, 차근차근 먹이를 쌓아둔 개미는 편안한 겨울을 보낸다는 이야기다. 어린 시절, 우리는 개미의 절약 정신과 근면함이 얼마나 훌륭한지 귀에 못이 박히게 듣고 자랐다.

하지만 나는 근면한지 아닌지는 둘째 치고, 자기 상황을 파악하지 못하는 베짱이와 정해진 틀 안에서만 움직이는 개미가 모두 자기 인생의 운전대를 제대로 잡고 산다고 말할 수 없다고 본다.

더 구체적으로 말하면 자기 돈이 어떻게 들고나는지, 지금까지 축적한 자산이 얼마나 되는지 파악해 보지도 않고 태평하게 사는 사람은 베짱이형 인생이다. 평생 즐겁게 살 수 있다는 보장도 없으면서 시간만 보낸다. 그러다 아는 것도 없이 돈벌이 이야기에 넘어가서 큰 손해를 본다. 반면 개미형은 자기 인생을 디자인할 기회를 누군가에게 떠넘긴 사람이다. 이들은 때에 따라서는 선의만 중요시하다가 남의 부탁만 들어주고 착취당할 위험이 있다.

대부분은 둘 중 하나로 분류된다. 그래서 '자기 상황을 파악한 베짱이'와 '틀을 벗어난 개미'처럼 조금은 일탈하기를 권한다. 여러분은 어떤 유형인가?

현상을 파악하고 정보를 분석하라

여러분은 어떤 식으로 살고 싶은가? 지금 다니는 직장에서 계속 일하면서 부업을 해 돈을 모으거나 취미를 즐기고 싶은가? 전 세계를 돌아다니며 좋아하는 일을 해서 큰 성공을 거두고 싶은가? 일하지 않고 그저 느긋하게 살고 싶은가? 그것도 아니면 더 배우거나 사회공헌을 하고 싶은가?

어느 쪽이든 여러분이 원하는 삶의 방식에 다가가기 위해서는 일정한 돈이 있어야 한다. 가장 먼저 해야 할 일은 자신의 수입과 지출, 저축 상황을 확인하는 것이다. 그리고 미래에 필요한 금액을 예측하고, 어떻게 확보할지를 고민해야 한다. 그러려면 ① 현재 상황 파악 ② 정보 수집 ③ 향후 전략 수립이 필수다.

앞서 '자기 주식회사'를 운영한다는 사고방식을 가져야 한다고 말했는데, 이 세 가지가 회사 경영의 기본이다. 어느 회사에서나 수입과 지출, 자산 상황 등 현재 재무 상태를 파악하기 위해 재무제표라는 것을 작성한다. 재무제표는 손익계산서, 대차대조표 등이 포함된 문서다. 기업은 나아가 사업 전개에 필요한 정보를 수집하고 경쟁사 상황을 분석하면서 미래를 위한 경영전략을 수립한다.

현재 상황을 파악하고 수집한 정보를 분석하는 것은 미래에 적절한 판단을 내리기 위해 반드시 해야 하는 작업이다. 지금은 순조롭다고 해도 언제 어디서 어떤 문제가 생길지 모른다. 매출과 이익이 쭉쭉 늘다가도 어느 순간 자금 사정이 악화해 도산하는 사례도 있다. 비용을 절감하려고 연구개발비나 설비투자를 과도하게 줄이다가 상품 경쟁력을 상실하는 기업도 있다. 우리 개인도 자신의 현재 상황을 파악할 수 있어야 나중을 위해 판단을 내릴 수 있다.

돈 문제란, 돈이 없다는 뜻이 아니다

지금 수입으로 나중에도 안정적으로 살 수 있을까? 동기나 친구 등 주변 사람과 비교할 때, 나는 괜찮은 걸까? 사람들은 돈에 관해 막연한 불안감을 안고 산다. 개인적으로도 상담 요청이 많이 들어온다. 상담을 원하는 사람은 무직자부터 연봉이 억 단위인 사람까지 다양하다. 수억 원의 자산을 보유한 사람도 있다. 수입이나 자산 수준과 상관없이 누구나 돈에 대해 불안감을 안고 사는 것이다.

여기서 말하는 불안감은 미래에 얼마가 필요하고, 자신이 얼마를 준비할 수 있을지 모르는 데서 기인한 감정이다. 불안한 것이 당연하다. 즉, 돈 문제는 돈이 없다는 뜻이 아니다. 미래를 모르기 때문에 불안하다는 말이다. 돈이 부족해졌을 때를 상상하고 불안감을 느끼는 것이다.

개중에는 자신은 재테크 지식과 금융 상식이 부족하다는 생각에 쓸데없이 불안해하고 있는 사람도 있다. 우리의 공교육이 시험을 치르는 것에만 초점이 맞춰 있고 금융에 대해 익힐 기회가 적었기 때문에 모르는 것이 어쩌면 자연스러운 현상이다.

우리는 미리 알았다면 쟁취했을 여러 기회를, 못 배운 탓에 놓치고 살아왔다. 그래도 일상은 계속된다. 아무리 열심히 살아도 아는 바가 없으면 미래를 적절히 대비할 수 없다. 감나무에서 감이 떨어지기만 기다리는 식의 삶은 인생을 운에 맡기는 도박사의 삶과 다를 바가 없다. 100세 시대, 너무 늦었다고 생각지 말자. 남은 인생을 더 알차게 만들기 위해 오늘부터 배워야 한다.

현금은 왕이고 여왕이다

나는 대학 졸업 후, 곧바로 외국계 은행에 취직했다. 처음에는 심사실에 배속되어 은행이 돈을 빌려주는 거래처의 신용도를 조사하는 일을 맡았다. 융자나 그 외 거래가 제대로 처리되는지, 대손이 발생할 가능성은 얼마나 되는지 파악하는 일이었다.

어느 날, 본점에서 연수 담당자가 강의를 하러 왔다. 그는 '매출이나 이익도 중요하지만, 정말 중요한 것은 향후 자금이 융통될지 판별하는 일'이라고 가르쳐 주었다. 자금 융동이란, 해당 기업의 현금 출입을 말한다. 현금이 언제 들어오고 언제 나갈지, 그 흐름을 제대로 파악해야 한다는 말이었다.

당시의 은행은 자금 사정을 예측하기보다 기업의 규모와 역사, 담보가치 같은 것을 중시했다. 그러나 그 강사는 거래처의 신용도를 분석하려면 자금 사정, 즉 정확한 현금흐름을 파악해야 한다는 본질을 알려 주었다. 그가 몇 번이고 강조한 말이 있다. "Cash is king, Cash is queen." 현금은 왕이고, 여왕이다. 자금의 현황과 미래를 파악하는 것이 가장 중요하다는 말이었다.

이는 개인에게도 적용된다. 개인이 자신의 자금 현황과 향후 추이를 파악할 수 있으면 본인의 신용도가 눈에 들어올 것이다. 어떻게 안정적인 기반을 만들지 효과적인 전략을 고민하는 첫걸음이다.

우선은 수입과 지출을 파악하자. 그러려면 가계부부터 써야 한다. 가계부를 써 본 적 없는 사람도 있겠고, 쓰기 싫은 사람도 있을 것이다. 하지만 가계부가 가진 엄청난 힘을 알았으면 좋겠다.

가계부를 쓰면 일단 자신이 돈을 어떻게 쓰는지 습관을 알 수 있다. 특정 지출이 많다거나, 사용처가 불분명한 금액이 많아 놀랄 수도 있다. 알고 보니 더 쓸 여유가 있다는 사실을 발견할 수도 있다. 나아가 자신이 현재 보유한 저축과 투자상품, 대출까지 확인하면 자금 상황 확인은 완료된다.

돈 관련 교양강좌를 열다 보니 자주 듣는 질문이 있다. '가계부 쓰기가 어떤 의미가 있는가?'라는 것이다. 질문만 들어도 질문자가 가계부를 귀찮고 힘들게 여긴다는 사실을 눈치챌 수 있다. 물론 가계부를 쓰지 않아도, 사는 데 지장은 없

다. 하지만 돈에 관해 조금이라도 배운 사람이라면 이 질문이
치과에서 "양치질은 어떤 의미가 있나요?"라고 묻는 수준임을
금방 알아챌 것이다. 양치질을 하지 않아도 살아갈 수는 있다.
다만 충치가 생기고, 온갖 질병의 원인이 될 것이다.

가계부를 쓴 적이 없거나 시도해 봤다가 좌절한 사람도
있을 텐데, 상관없다. 습관만 들이면 양치질만큼 아무렇지도
않은 일이 된다. 뒤집어 말하면 좌절한 이유는 습관이 잡히지
않아서다.

수강생들에게 알려 주는 방법을 몇 가지 소개하겠다. 습
관을 만들려면 구조화가 중요하다. 쉽게, 자동으로 해결되는
구조를 만들라는 의미다. 몇 가지를 소개하겠지만, 이 구조(또
는 의욕 유발 스위치라고 불러도 좋겠다)는 개인에 따라 다르므로
처음에는 다양하게 시도해 볼 필요가 있다. 다만, 한 가지 기
억해야 할 점은 '돈에 관한 모든 것은 가계부를 통해 자신의
수입과 지출을 정확하게 아는 데서 시작된다'라는 것이다.

자신이 오래 하는 일이나 취미를 떠올리면서 그것을 어떻
게 계속할 수 있었는지를 알아내도 좋겠다. 또 가계부를 오래
쓰면 훗날 자기 모습이 어떻게 변해 있을지를 상상하거나, 주
변에 가계부를 열심히 쓰겠다고 선언하거나, 가계부를 함께
쓸 친구를 찾는 것도 좋다. 내 강의 수강생들은 메신저 단체방

을 만들어 서로 진척 상황을 보고하거나 정보를 교환한다.

가계부로 자금을 정리해 보자

그럼 가계부 쓰기에 대해 이야기해 보자. 낭비되는 곳을 찾아내고 균형 잡힌 방식으로 돈을 쓰려면 절대로 피할 수 없는 관문이다.

계속해서 쓰고, 기록한 내용을 분석해서 잘 활용하는 것이 중요하다. 어렵더라도 최소 1년은 노력해 보길 바란다. 1년을 계속하면 계절별 특이 사항을 포함한 수입과 지출을 파악할 수 있다. 자신이 어떻게 벌고 쓰는지에 관한 습관을 전체적으로 파악할 수 있을 것이다. 그 후에는 대략만 관리해도 된다.

손으로 글씨 쓰는 것을 좋아하는 사람은 시중에 판매하는 종이 가계부를 쓰면 된다. 출판사, 문구 제조사에서 매년 다양한 가계부가 나온다. 특별한 선택 기준은 없다. 서점이나 문구점에 가서 손으로 직접 쥐어 보고 쓰고 싶은 디자인을 자유롭게 선택하자.

데이터로 남기고 싶다면 간단하게 엑셀로 관리해도 좋겠

돈이 어렵기만 한 당신이 읽어야 할 책

다. 더 간단한 걸 원하는 사람은 가계부 앱을 이용하는 것도 방법이다. 이 앱들은 영수증을 사진으로 찍거나 은행 계좌나 신용 카드 등을 사전에 등록해 두면 자동으로 지출을 기록해 준다. 무료로 쓸 수 있는 기능에 제한이 있는 앱도 있으므로 확인하기를 바란다. 개인정보 유출이 걱정되는 사람은 계좌 정보 등을 등록할지 잘 검토한 후 판단하자.

손 글씨든 엑셀이든 앱이든 뭘 써도 된다. 좋아하는 노트를 활용할 사람은 손 글씨를 택하고, 이동 중 틈새 시간을 활용하고 싶은 사람은 앱이 편하다.

집에서 가계부를 쓸 사람은 처음에는 저녁 식사 후나 자기 전 등 가계부를 적는 시간을 정해 두는 것이 좋다. 바빠서 매일 정리하지 못하는 사람은 하루에 몰아서 기록을 정리하자. 가계부에 직접 쓰고 싶지만 시간이 없다면 스마트폰의 메모 기능을 활용하자. 평일에는 금액과 내용을 메모하고 주말에는 결제 문자나 영수증을 확인하면서 한꺼번에 가계부에 옮겨 적는 방법을 추천한다. 잔액을 확인하면서 옮겨 쓴 영수증을 버리면 기분도 상쾌해진다. 기록과 분석을 지속하기 쉬운 방법을 찾아야 한다.

작은 돈부터 정리하자

'체계적으로 정리하기'는 매우 중요한 행위다. 깨끗하게 치우고 불필요한 물건을 없앰으로써 많은 것이 간단해진다. 자기 공간을 말끔하게 정돈하기, 운동과 건강한 식사로 몸 챙기기, 만족스러운 시간을 보내면서 마음 가다듬기, 이런 일들도 체계적으로 정리한다는 의미에서 아주 중요하다.

자금 상황을 정리하다 보니 '왠지 방도 깔끔해졌다', '건강해졌다'라는 후기도 자주 받는다. 자기 돈이 어떻게 흐르는지를 제대로 알고 나면 돈과 삶의 방식이 모두 체계적으로 정리되는 것이다. 낭비를 없애고, 지출의 균형을 잡으면서 자신이 만족할 수 있는 상태까지 다가가 보자. 정리가 끝나면 돈에 휘둘릴 일이 줄어들고 불안이 사라진다. 제대로 파악한다면 스스로 관리할 수 있다는 자신감도 붙을 것이다.

정리를 체계적으로 해내려면 작은 성공부터 쌓아야 한다. 목표가 너무 크면 좌절하고 도로 아미타불이 되기 쉽다. 시작 단계에서는 작은 돈부터 정리하자. 단시간에 달성 가능하고, 성공 시 기분이 좋아질 만한 것부터 시작하라는 말이다. 큰 목표가 중요한 것이 아니다. 목표가 작아도 마지막 순간에 도달하는 것이 바로 핵심이다. 소소한 기쁨을 반복해서 느끼는 과

돈이 어렵기만 한 당신이 읽어야 할 책

정을 통해 체계적인 정리를 '지속'하는 데 초점을 맞춰야 한다.

돈 정리의 시작, 지갑

그럼, 그 첫 번째 작은 성공으로 지갑을 정리해 보자. 지갑 안을 보지 말고 아래 질문에 답해 보자.

① 현금이 얼마나 들어 있는가?
② 신용 카드는 몇 장 들어 있는가?
③ 멤버십 카드의 개수와 사용 가능처를 말할 수 있는가?
④ 기한이 지난 할인권이나 쿠폰은 없는가?

어떤가? 이 물음에 답하기 어려웠다면 다음의 지갑 정리 방법을 차근차근 따라 해 보자. 쓰지도 않는 카드가 잔뜩 들어 있거나 동전이나 영수증으로 지갑이 빵빵한 사람일수록 상쾌해질 것이다. 다물어지지 않을 만큼 배가 불룩한 지갑을 '돼지 지갑'이라 하는데, 이런 지갑일수록 정리하는 보람이 크다. 지갑 정리의 장점을 확실히 실감할 수 있을 것이다.

정확하지 않아도 지갑 속 내용물을 대략 파악하고 있고 전체적으로 깔끔하다면 그건 문제없는 상태다. 완벽을 추구하면 오히려 스트레스가 된다. 대략 나쁘지 않은 정도만 유지하도록 하자.

그렇다면 지갑은 어떻게 정리해야 할까? 우선 지갑에서 내용물을 모두 꺼낸다. 그리고 다음 세 가지로 분류한다.

① **자주 쓰는 것**
② **별로 쓰지 않는 것**
③ **전혀 쓰지 않는 것**

그런 다음 ①을 지갑 안에 도로 집어넣는다. 얼마나 자주 사용하는지 빈도를 고려하면서 넣자. ②는 다른 곳에 보관하되, 필요할 때 바로 찾을 수 있도록 해 둔다. ③은 과감하게 처분하자. 처분이 어려울 때는 ②와 함께 보관한다. 일정 기간이 지난 뒤에 역시나 사용하지 않는 것을 확인하고 나서 처분하면 된다.

신용 카드는 두 장을 남긴다. 카드 하나가 망가졌을 때를 대비해서 두 장이다. 멤버십 카드는 최대 세 장을 기준을 잡는다. 앱이 있으면 앱을 선택한다. 할인권이나 쿠폰 등은 아예 없애는 선택지도 있다. 일단 시도해 보자.

지갑을 가볍게 만들면서 '정리'의 효과를 느껴야 한다. 뭔가 짐을 덜어낸 느낌이 들어 상쾌한가? 기분 좋음을 느꼈으면 천천히 음미해 보라. 그리고 그 감각을 반드시 기억하라. 나중에 자금 상황을 정리할 때마다 이 느낌을 반복해서 느끼면 정리를 지속하기 쉬워진다.

페이 앱을 써서 지갑을 가지고 다니지 않는 사람도 있다. 페이 앱을 재점검해 자신의 현재 상황을 바로잡자. 너무 많은 종류의 앱을 쓰거나 제대로 파악하지 못한다면 정리가 필요하다.

배운 다음에 투자하라

한국에서는 2026년부터 고등학교 2학년 수업으로 '금융과 경제생활'이 신설된다. 그러나 이미 어른이 되어 버린 우리는 금융교육을 받을 기회가 거의 없었다. 예전에는 사회와 기업, 가정의 틀과 규범을 따르기만 해도 먹고사는 데 큰 지장이 없었기 때문이다. 그러나 남이 깔아 놓은 레일 위를 걸어서는 자기다운 인생을 살 수 없다. 자기 생각과 다른 인생행로로 흘러가도 아무도 책임져 주지 않는다.

그러니 우리는 어떻게 하면 좋을까? 이미 학교를 졸업한 우리는 스스로 배울 수밖에 없다. 정부에서는 '노후를 대비해야 한다', '금융 이해력이 중요하다'라는 말을 한다. 금융 이해력이 없는 상태, 또는 어중간한 지식만 주워들은 상태로 투자에 나서면 매우 위험하다.

내게 상담받으러 온 사람 중에는 잘 알지도 못하면서 투자를 시작해서 큰 손해를 봤다는 사람이 꽤 있다. 정치권이나 경제계, 연예계 등에서도 유명인이 투자에 실패했다는 소식이 심심찮게 들려온다.

여러 번 말하지만, 모르는 분야에는 절대로 투자해서는 안 된다! 꼭 약속해 줬으면 좋겠다. 예상치 못한 리스크를 떠안고 후회하게 될 것이다. 투자는 일단은 배우고 나서 시작하자. 돈에 대한 정보가 쉽게 들어오게 환경을 만들어 놓고, 부담 없이 돈 얘기를 나눌 수 있는 동료를 찾자. 동시에 자기 자금 상황을 정리하고 리스크 허용도를 파악하자. 스스로가 리스크를 얼마나 감당할 수 있는지 알아야 한다.

투자는 그 이후에 시작해야 한다. 인생 100세 시대다. 배우고 나서 시작해도 절대 늦지 않다.

돈이 어렵기만 한 당신이 읽어야 할 책

패스트 시스템에서 슬로 시스템으로

사람이 매번 차분히 생각한 뒤에 판단을 내리는 것은 아니다. 모든 선택지를 꼼꼼히 따지기에는 시간과 에너지가 너무 많이 들기 때문이다. 그래서 각자 무엇을 더 중하게 여기고 무엇을 더 가볍게 여기는지가 다를 수밖에 없다.

노벨 경제학상을 수상한 인지심리학자 대니얼 카너먼 (Daniel Kahneman, 1934~2024) 박사는 사람이 의사결정을 할 때는 두 가지 시스템이 작동한다고 주장했다. 직감적이고 자동적으로 사물을 판단하는 패스트 시스템fast thinking과 복잡하고 숙고가 필요한 슬로 시스템slow thinking이다.

빠른 판단이 필요할 때는 직관적인 패스트 시스템이 작용한다. 이를테면 집에 갈 때 늘 지나가는 길은 특별히 생각하지 않고도 오른쪽, 왼쪽으로 꺾어서 갈 수 있다. 일일이 '정말 오른쪽으로 가야 할까, 오늘은 왼쪽이 좋지 않을까?'라고 따진다면 뇌에 부담이 될 것이다.

패스트 시스템으로 판단하는 사항은 적은 노력으로 빨리 결정할 수 있어 좋지만, 무의식적인 편견 같은 인지 왜곡도 초래한다. 간과하는 부분이 생기거나 올바른 판단을 내리지 못할 위험이 있다.

한편, 더 복잡하게 생각해야 할 때는 슬로 시스템이 작동한다. 안 가 본 장소에 갈 때가 그렇다. 목적지를 생각하고 지도 앱을 켜서 앞으로 몇 분 뒤에 도착할지 등을 따져 볼 때다.

슬로 시스템을 쓸 때 우리 뇌는 전체를 바라보기도 하고, 일부에 초점을 맞추기도 하며, 다른 각도에서 확인할 수도 있고, 비교 검토할 수도 있다. 또 과거에서 현재, 미래라는 시간 축을 그려 놓고 생각하기도 한다.

돈을 쓰는 것은 일상적인 일이다. 따라서 패스트 시스템이 작동되는 분야다. 자기도 모르는 사이에 처리되는 일이라는 말이다. 열심히 절약하고 있는데도 돈이 모이지 않아서 고민인 사람은 패스트 시스템에서 슬로 시스템으로 전환해 보자. 구체적으로 말하자면 돈을 쓸 때 '나는 왜 이 돈을 쓰는가?'를 따져 보라는 말이다.

어쩌면 아깝게 여기는 마음이 오히려 무의식적으로 돈을 모으는 데 방해가 되고 있을 수도 있다. 마냥 고가의 쇼핑을 참는 것보다 사용처가 불분명한 돈을 줄이는 편이 효과적이다. 버는 방식을 바꾸어 모으기 쉬운 환경을 구축할 수도 있다. 기존의 방식을 다시 한번 검토해 보고, 빈자리에 새로운 바람을 불어 넣어 보자.

이때 한 가지 조심할 점이 있다. 매몰 비용이다. 우리는 그러면 안 된다는 사실을 알면서도 과거에 집착하며 그만두지 못할 때가 있다. 우리 인생에서도 지금까지 해 온 일들이 매몰 비용으로 작용해 새로운 걸음을 방해할 때도 있다.

절약보다 더 중요한 것이 있다

세상에는 물건과 서비스가 넘쳐난다. 이것들을 구매하고 썼을 때, 매번 잘 선택했다 만족할 수 있다면 얼마나 좋을까? 스스로 수긍할 수 있는 선택은 미래의 자신을 위한 투자라고 이해해도 된다.

한눈에 마음에 쏙 드는데 값이 비싼 물건을 만났을 때, 여러분은 어떻게 하는가?

① '사치다. 낭비는 좋지 않다'라고 판단하고 참는다.
② '언제 또 저런 물건을 만날지 모르니 지금 사야 한다'라고 판단한다.

여기서는 자신에게 무엇이 정말 중요한지를 아는 것이 핵심이다. 구매에 쓴 돈과 시간, 에너지보다 훨씬 큰 효과를 얻을 수 있다면 사야 한다.

지금보다 풍요롭게 살기 위해서는 절약에 힘쓰기보다 돈 쓰는 방법을 옳게 해야 한다. 돈을 만족스럽게 쓰고 있는지 확인하는 눈이 중요하다. 그리고 구매한 물건은 처박아 두지 말고 활용해야 한다. 쓰지 않으면 만족감은 생기지 않는다. 소중하게 여기고 오래 쓰면 애착도 생기는 법이다. 여러 번 쓸수록 1회당 단가(구매가÷사용 횟수)도 내려가므로, 의외로 저렴하게 산 셈이 될 수도 있다.

절약하느라 너무 애를 쓰면 스트레스가 쌓인다. 마음이 황폐해지고 여유가 사라질지도 모른다.

또 절약 방법에도 연구가 필요하다. 노력하는데도 좀처럼 결과가 나오지 않는다면 절약 방법을 재검토해 보자. 이제 제대로 절약하는 길이 무엇인지에 관해 같이 확인해 보자.

후회하는 쇼핑이야말로 낭비다

절약이라고 하면 쓸데없는 것을 사지 않고, 낭비를 없애는 것을 떠올릴 것 같다. 물론 그런 것들은 줄여야 한다. 그런데 애

돈이 어렵기만 한 당신이 읽어야 할 책

초에 불필요한 것, 낭비가 무엇을 가리키는 말인지 생각할 필요가 있다.

① 비싼 물건
② 사치로 여겨지는 물건
③ 특수한 취미에 관한 물건
④ 없어도 일상생활에 지장 없는 물건

보통은 이것들을 낭비라고 여긴다. 여러분도 그런가? 이런 데에 돈을 쓰면 돈이 모이기 어렵다고 생각하는가? 내 생각은 좀 다르다. 나에게 낭비는 다음 두 가지를 의미한다.

① 후회가 따르는 지출
② 돈을 쓴 사실조차 깨닫지 못하는 지출, 사용처가 불분명한 지출

해당 지출이 자신에게 어떤 효과를 가져다주는가 하는 점이 중요하다. 아무리 싸게 샀어도 구매를 후회하거나 샀다는 사실조차 잊어버린다면 그건 낭비일 뿐이다. 자신의 소중한 돈을 쓸 거라면 해당 소비로 최대한의 수익을 얻겠다는 마음을 먹어야 한다. 기분이 좋아질지, 자기 능력을 키울지, 그 쇼

핑이 어떤 효과와 만족감을 초래하는지는 온전히 여러분에게 달렸다.

특수한 취미를 위한 비싼 지출도 이 같은 정의에서 보면 낭비에 해당하지 않는다. 여러분이 만족하고 거기서 뭔가를 얻는다면 그것으로 충분한 것이다. 여러분이 돈을 쓰는데, 남들이 참견할 권리는 없다. 그것은 그들의 가치 판단이며, 여러분과 그들은 다르다.

한 은행에 일정액 이상 맡길 때는

여러분은 은행 계좌를 몇 개 가지고 있는가? 해당 은행에 계좌를 개설한 이유는 무엇인가? 각 계좌를 제대로 관리하고 활용하고 있는가? 은행 계좌를 개설한 이유를 물으면 '그 은행 지점이 가깝고 편해서', '직장의 급여 이체가 그 은행으로 지정되어 있어서' 등 다양한 답변을 들을 수 있다. 계좌가 많아서 몇 개가 있는지 대답하지 못하는 사람도 있다.

우선 한 가지 기억할 점이 있다. 은행도 망하는 시대라는 사실이다. 은행이 망하면 우리는 얼마를 건질 수 있을까? 정기 예금이나 보통 예금 등은 예금자 1인당 한 금융기관에 대해 원금과 이자를 합쳐 1억 원밖에 보호되지 않는다(2001년 이후 24년간 예금보호한도가 5천만 원이었으나 빠르면 2025년 하반기부터는 1억 원으로 늘어날 예정이다. 이에 따라 책에서는 1억 원으로 표기했다. ―역자 주). 펀드나 변액보험 등은 보호 대상에서 제외된다. 같은 은행에 1억 원 이상을 맡기면 전액을 돌려받지 못할 위험이 있는 것이다.

실제로 일본에서는 2010년 일본진흥 은행이 도산하면서 전액을 돌려받지 못한 예금자가 생겨났다. 미국에서는 2023년 실리콘밸리 은행에서 뱅크런 사태가 일어났고, 예금보호한도 밖의 기업들이 줄줄이 도산할 뻔했다.

계좌를 몇 개를 보유할지 정답은 없다. 다만, 직접 파악할 수 있는 개수만 보유하는 것이 좋다. 일상적으로 사용하는 계좌를 하나로 줄이면 관리하기가 쉽다. 저축을 위한 계좌, 생활비를 넣어 두는 계좌 등 목적별로 구분해서 사용해도 좋다. 은행 계좌를 정리할 때는 이자율과 서비스 내용을 확인하자. 영업점을 직접 방문하는 일이 잦은 사람, 사업에 사용할 사람, 주택담보대출을 받고 싶은 사람, 외환을 이용할 사람 등 목적에 따라 최적의 은행이 달라진다.

구독부터 솎아 내면 큰 정리가 쉽다

여러분은 어떤 구독 서비스를 이용하는가? 여러 개가 떠오른다면 이번 기회에 구독 서비스부터 손보자. 구독 서비스란, 넷플릭스나 정기 배송 서비스 등 월정액을 내고 이용하는 정기적 서비스 구매 계약을 가리킨다.

구독 서비스를 이용할 때는 신용 카드로 결제되거나 계좌에서 자동 인출되는 방식이 일반적이기 때문에 구매자는 돈을 쓰고 있다는 느낌을 받기가 어렵다. 이 점을 조심해야 한다. 특히 헬스클럽 등록비나 OTT 구독료 등은 결제한 사실조차 잊고 지내기 쉽다. 물리적인 상품이 없어서 서비스가 눈에 잘 보이지 않기 때문이다. 또 해지 페이지를 숨겨 놓는 서비스도 있어서 그 번거로움을 회피하다 보니 돈만 나가는 사람도 있다.

이렇게 정기적으로 나가는 '고정 지출'을 연간 누적 금액으로 따지면 상당액에 이른다. 따라서 이 부분을 정리하면 큰 효과를 기대할 수 있다. 잊고 있는 구독 서비스가 있을 것 같아 불안한 사람은 지금 바로 신용 카드 명세서나 계좌 내역을 확인하고, 기억나지 않는 인출이 있으면 즉시 해지하자. 조금만 수고하면 자유롭게 쓸 수 있는 돈이 생긴다.

지출을 분석해 보자

가계부를 썼으면 다음은 기록 분석이다. 기록 분석의 목적은 자신의 특징을 파악함으로써 개선점을 인식하고 이후 대처 방법을 생각하기 위해서다.

우선 '낭비'가 있는지 찾아본다. 낭비란, 후회가 따르는 쇼핑이나 사용처가 불분명한 지출이라는 점은 이미 설명했다. 이런 부분을 전체 지출의 5% 이내로 줄이는 것을 목표로 한다. 완전히 없앨 필요는 없다. 너무 잘하려고 하다 보면 좌절하거나 도로 아미타불이 될 위험이 크다. 처음은 허용 범위를 빡빡하지 않게 잡고 매달 줄여 나가면 마음이 편할 것이다.

다음은 '소비'와 '투자'를 분류한다. 소비란, 매일의 생활에 필요한 지출을 말한다. 이를 고정비와 변동비로 나누자. 월세, 전기세, 통신비 등 매달 꼭 나가야 하는 비용이 고정비고 식비, 의류비, 레저비용 등 변하기 쉬운 금액이 변동비다. 고정비와 변동비 중 어느 쪽으로 분류해야 좋을지 망설여질 때는 자신이 알기 쉬운 쪽으로 분류하면 된다.

그다음으로 투자는 미래를 위한 지출이다. 보험료나 금융자산 투자 외에 예·적금도 투자에 포함해서 관리하자. 자세한 내용은 투자 파트에서 설명하겠지만, 자신의 가치를 높이기 위한 지출도 투자에 포함한다. 이 비율을 늘려야 자신이 이상으로 여기는 삶의 방식을 실현할 가능성이 커진다.

소비, 낭비, 투자의 비율은 일반적으로 70%, 5%, 25% 정도가 좋다고 한다. 다만 각자의 가치관이나 생활 스타일이 다르기에 이 비율을 꼭 지켜야 하는 것은 아니다. 대략적인 기준으로만 받아들이자.

유량과 저량을 파악하자

자금 상황을 정리하려면 돈의 흐름을 알아야 한다고 설명했다. 이를 재무적으로는 유량flow과 저량stock을 파악해야 한다고 표현한다. 여기서 유량은 '일정 기간에 얼마나 오고 갔는지'에 대한 것으로 즉 돈을 얼마나 어떻게 쓰고 있는지다. 저량은 '해당 시점에 얼마나 축적되어 있느냐'에 대한 것으로 현재 자신이 보유한 자본과 부채의 상황이다.

대차대조표라는 말을 들어 본 적이 있을 것이다. 기업이 재무 상황을 명확히 하기 위해 자산과 부채 등을 정리한 자료다. 기업들은 자신들이 보유한 돈과 자산을 알기 쉽게 표로 만

든다. 즉 대차대조표로 해당 시점의 축적 상황, 저량을 나타낸다고 할 수 있다.

내가 가진 모든 경제적 가치를 자산이라고 한다. 자산은

대차대조표(BS)
20○○년 12월 31일 시점

자산 (유동자산)	부채 (유동부채)
	(고정부채)
(고정자산)	자본

손익계산서(PL)
20○○년 1월 1일 ~ 20○○년 12월 31일

| 매출 |
| 비용 |
| 이익 |

대차대조표와 손익계산서

부채와 자본의 합계와 같다.

기업은 대차대조표와 함께 손익계산서와 현금흐름표도 작성한다. 손익계산서는 경영 실적을 정리한 것으로 그림과 같이 매출, 비용, 이익을 알기 위해 작성한다. 매출에서 비용을 뺀 것이 이익이다. 현금흐름표는 자금의 과거 출입을 정리한 자료다.

기업은 이러한 유량과 저량에 관한 자료를 정리해서 재무제표라고 부르며 이를 정기적으로 작성한다. 이 모두가 해당 기업의 과거 돈 흐름을 확인할 수 있는 표다.

기업은 왜 정기적으로 재무제표를 작성할까? 자신들의 재정 상태와 경영 실적을 출자자인 주주나 돈을 빌려준 채권자 등에게 보고하기 위해서다. 물론, 경영에 관해 되돌아보고 미래를 위해 활용하는 자료로서도 유용하다.

그 외에 기업은 미래를 위해 수지 즉 수입과 지출 계획도 세운다. 중기 경영계획으로 3년~5년까지를 예상하거나, 1년 후 대차대조표 및 손익계산서를 예상해 관계자에게 공개하기도 한다.

가계 운영와 기업 운영은 기본 개념이 같다

지금까지 기업의 운영에 관해 이야기했다. 이제 이 기업의 재무제표 개념을 응용해 개인 차원의 재정 상태와 실적을 기록하는 방법을 알아보자.

첫 단계는 손익계산서 쓰기다. 가계부를 쓰기 시작한 사람은 첫 한 달의 수입과 지출을 표로 정리해 보자. 소비, 낭비, 투자의 비중이 어떻게 되어 있는지를 분석하면 자신의 습관이 보일 것이다.

그대로 1년분의 가계부가 쌓이면 연간 수지표가 된다. 이것이 기업에서 말하는 손익계산서에 해당한다. 더 나은 미래를 만들기 위해 개선할 수 있는 부분이 있는지 잘 돌아보자. 동시에 다음 1년을 요모조모 고민해서 연간 수지 계획표까지 만들면 완벽하다.

다음 단계는 대차대조표 쓰기다. 나 자신이 기업이 되었다 생각하고 개인 차원에서의 대차대조표를 작성하자. 대차대조표는 특정 시점의 축적 상황을 나타낸다. 개인 버전의 대차대조표를 만들어 두면 갑자기 돈이 필요할 때 자금 여력이 얼마나 되는지를 확인할 수 있다.

우선은 자신이 보유한 현금, 예금 외에 주식, 채권, 부동산, 자동차, 금 등 팔아서 현금으로 바꿀 수 있는 자산을 나열한다. 항목별로 금액을 기재하는데, 여기서 핵심은 '현재가치로 환산해서 생각하기'다.

'현재가치로 환산한다'라는 것은 어떤 의미일까? 갑자기 큰일이 나서 천만 원을 써야 한다고 치자. 현금이 부족하다면 보유 중인 주식을 매도해서 충당해야 할 수도 있다. 천만 원에 매수한 주식 가격이 그대로라면 빠르게 매도하고 돈을 낼 수 있다. 그러나 주가가 매수 시의 반값이라면 낼 수 있는 금액은 절반밖에 되지 않는다.

현재 보유 중인 재산을 모두 매각할 때, 수중에 들어오는 현금이 얼마가 될지를 따져서 목록을 작성하라는 말이다. '목록을 적다 보니 옛날에 산 펀드 상품이 떠올랐다' '현재가치를 알아보니 굉장히 비싸게 팔린다고 한다. 이득 본 기분이다' 이런 뜻하지 않은 즐거움이 있을 수도 있으니, 여러분도 보물찾기하는 기분으로 작성해 보면 좋겠다.

목록이 완성되면 대차대조표의 왼쪽 자산을 위아래 둘로 나누어 보자. 위를 유동자산, 아래를 고정자산으로 놓으면 된다. 목록 중 1년 이내에 환금할 가능성이 있는 자산이나, 현금화하기 쉬운 자산이 유동자산이다. 반대로 1년 넘게 보유할 예정인 자산이 고정자산이다.

돈이 어렵기만 한 당신이 읽어야 할 책

부채도 기재하자. 학자금대출이나 주택담보대출 등 대출이 있는 사람은 부채 칸에 금액을 기재하면 된다. 부채도 유동부채와 고정부채로 나눈다. 1년 이내에 갚을 예정인 대출은 유동부채로, 상환 기일이 1년 넘게 남은 대출은 고정부채로 둔다.

유동과 고정으로 구별하는 것은 1년 안에 상환 기일이 도래하는 대출금을 갚을 만한 자산이 충분히 있는지 확인하기 위해서다. 유동부채 칸에 적힌 금액보다 유동자산이 더 많이 있으면 안심이다.

자산의 합계액이 충분하다고 해도 유동자산이 적으면 불안하다. 예를 들어, 지금 살고 있는 오피스텔 보증금은 유동자산이라고 할 수 없다. 환금하기 쉬워야 유동자산으로 분류하기 때문이다. 만약 자산의 대부분이 현재 살고 있는 집의 보증금이라고 해 보자. 당장 상환 기일이 다가오는데 수중에 자금이 부족할 경우, 지금 살고 있는 방을 빼기는 힘들다. 자산의 합계 금액뿐 아니라, 각각의 환금 용이성(유동성)도 같이 확인해 두는 것이 중요하다.

가족의 돈 관리는 어떻게?

여러분은 1인 가구인가? 아니면 가족과 함께 사는가? 부모님의 노후나 상속에 관해 대화한 적이 있는가? 가족의 돈을 관리할 때는 생계를 같이하는 사람 전원의 돈을 한꺼번에 관리하는 것이 기본이다. 본인은 잘 관리하고 있다고 해도, 가계를 공유하고 생활을 함께하는 누군가의 몫만 제외하는 상태는 바람직하지 않다.

그러나 가족이라고 해도 돈 이야기를 할 수 없는 집이 은근히 많다. 특히 부부 사이에 돈 이야기가 솔직하게 오가지 않는 경우도 있다. 그럴 때는 무리하지 말고, 우선 자기 자금 상황부터 정리를 시작하면 된다.

자신은 장래를 위해 열심히 돈을 모으고 투자한다 해도 가족 구성원 중 누군가 저축을 전혀 안 했거나 빚이 있으면 나중에 문제가 될 수 있다. 기회를 봐서 온 가족이 돈을 정리할 수 있는 방향으로 움직여 보자.

돈이 어렵기만 한 당신이 읽어야 할 책

보험은 필요할 때만 넣는 것

생명보험에 가입했는지 물으면 많은 사람이 그렇다고 대답한다. 보험을 여러 개 가입한 사람도 많다. 리스크에 민감하게 반응해 확실히 미래를 대비하고 있다면 잘하고 있다고 생각하면 된다.

그러나 자세히 물어보면 자신이 가입한 보험의 내용을 모르거나 필요하지도 않은 보험에 가입한 경우가 많다. 그런 사람을 보면 매우 안타깝다.

현재 한국은 공적 보험이 비교적 충실한 편이다. 직장인이라면 흔히 말하는 4대 보험이 무엇이 있는지 파악하고 있으면 좋다.

가장 대표적인 공적 보험인 국민연금은 61~65세가 될 때 그동안 적립된 보험금을 되돌려 주는 연금제도나. 건강보험은 아마 젊은 층이 가장 실감할 보험으로, 가입자나 피부양자의 진료비 부담을 줄여 준다. 고용보험은 실업 급여와 출산 급여 등을 받을 수 있는 보험이다. 산재보험은 근로자가 일하는 도중 다치거나 사망할 경우 치료비와 사망보험금 등을 보상해 주는 보험이다. 이 밖에도 치매 등 노인성 질환으로 6개월 이상 스스로 생활하기 어려운 사람에게 목욕, 간호 등의 돌

봄 서비스를 제공하는 장기요양보험이 있다.

특히 직장인은 자영업자에 비해 질병이나 부상으로 일할 수 없을 때 받을 수 있는 지원이 많다. 노동 방식이나 연 수입, 나이 등에 따라 다르므로, 자신이 어디까지 공적 보험의 지원을 받을 수 있는지 한번 확실하게 알아보면 좋겠다.

사실 생명보험은 가입해야 유리한 사람과 가입하지 않아도 문제없는 사람이 있다. 여러분의 상황에 관해 함께 알아보자.

우선, 앞으로 1년 정도 병원에 입원해야 한다고 가정하고 여러분에게 필요한 금액을 추산해 보자. 필요 금액은 생활 방식에 따라 다르므로 추산할 때는 다음 항목을 참고하면서 생각하면 된다.

① 1년 정도 수입 없이 생활한다면 얼마가 필요한가?

② 보험 급여 범위 내에서 치료하고 싶은가, 본인 부담이 생기는 치료까지 원하는가?

③ 입원할 시, 차액을 내고서라도 1인실에 들어가고 싶은가?

④ 장기 입원이나 자택 요양을 하게 될 때, 가사 대행 서비스나 육아 도우미 등이 필요한가?

돈이 어렵기만 한 당신이 읽어야 할 책

다음으로는 방금 추산한 금액을 어디까지 공적인 보험으로 충당할 수 있는지를 확인해 보자. 다음 항목을 참고하면서 생각하면 된다.

① 부상이나 질병으로 움직일 수 없게 되었을 때, 실업급여를 받을 수 있는가? 얼마나 받을 수 있는가?
② 본인이 사는 지역이 상병 수당을 받을 수 있는 지역인가? 나이와 소득 요건이 충족되는가?
③ 헐어서 쓸 수 있는 저축은 어느 정도 있는가?

이 계산이 끝난 뒤, 부족액이 있는 사람은 민간 보험 가입을 검토하는 것이 좋다.

만약 보험이 필요하다고 판단했다면 어떤 것을 선택할지도 중요하다. 저렴한 인터넷 보험이나 직장 보험만으로도 충분할 수 있다. 비교 검토한 뒤에 판단하자.

참고로, 생명보험은 보험금 지급 조건에 합치할 때 계약한 금액이 나온다. 여러 생명보험에 가입했으면 각 보험사에서 돈이 나온다. 이에 반해 실비보험은 실제 치료비까지만 보상되는 것이 기본이다. 즉 여러 개 가입했어도 실제 치료비만 나온다는 것이다. 따라서 이런 것들을 생각해서 보험을 너무 많이 가입하지 않도록 주의해야 한다.

일상적인 부분에서도 세세하게 챙기면 좋다. 예를 들어 신용 카드 결제 혜택으로 무료로 여행자 보험에 드는 경우가 있다. 그런데 이를 모르고 공항에서 추가로 해외여행 보험에 가입하기도 한다. 여행 중 사고가 나더라도 실제 손해 금액만큼만 받을 수 있으므로 이렇게 중복 가입하게 되면 명백히 손해다. 본인의 카드로 무엇을 어디까지 대비할 수 있는지 사전에 확인하고, 부족한 부분만 추가로 가입하도록 하자.

종합소득세 신고를 챙기자

마지막으로 '종합소득세 신고'를 설명하려 한다. 나는 매년 5월에 종합소득세 신고는 한번 직접 해 볼 것을 권한다. 직장인들도 종합소득세 신고를 하면 절세할 가능성이 있다.

종합소득세 신고란, 일한 사람이 1년 동안 벌어들인 소득을 신고하여 납부할 세금이나 환급받을 금액을 확정하는 것을 말한다. 세액을 결정하려면 1년 동안 벌어들인 소득을 세무서에 신고해야 한다. 즉, 종합소득세 신고를 해야 자신이 얼마를 벌었는지, 납부해야 할 세금이 얼마인지가 명확해진다는 말이다.

소득세는 1년간 벌어들인 모든 소득에서 '소득공제'를 적용한 후 남은 '과세표준'에 세율을 곱해서 계산한다. 공제란 '뺀다'라는 뜻이다. '소득공제'란 납세자의 사정에 따라 세금을 줄이기 위해 마련된 제도다. 종합소득세 신고 기간에 신고하지 않으면 공제를 받을 수 없어 납세액이 높아질 수도 있다.

'회사가 해 주니까', '신고가 귀찮아서'라는 이유로 방치하지 말고 대상이 될 만한 공제는 빠짐없이 신고하자. '과세표준'을 높은 상태로 방치하면 안 된다.

직장인(급여 소득자)은 대부분 회사에서 연말정산을 진행해 신고하므로 따로 신고가 필요 없다. 연말정산이란, 근무처기 기존에 공제한 소득세액과 최종적인 납세액과의 과부족을 조정하는 것으로, 이 과정을 거치면 기본적으로 납세 절차가 완료된다.

하지만 직장인도 특정 조건을 충족하면 이후 직접 종합소득세 신고를 해서 환급금을 받을 수 있다. 급여 소득자라고 해도 급여 외 부업으로 벌어들인 기타소득이 300만 원이 넘거나 이자 소득, 배당 소득이 2천만 원이 넘는다면 별도로 종합소득세를 신고할 의무가 있다. 또 개인 사업자와 프리랜서는

연말정산을 받을 수 없으므로 직접 종합소득세 신고를 해야
한다.

그 외에도 세금에 관한 의문이 생기면 그대로 두지 말고
반드시 확인하도록 하자. 국세청 홈페이지에서 정보를 확인할
수 있다. 거주 지역의 세무서를 방문하거나 전화로 상담해도
된다. 처음에는 문턱이 높게 느껴질지도 모르나, 친절하게 알
려줄 테니 걱정 말고 꼭 상담해 보길 바란다.

탈세는 위법, 절세는 합법

탈세는 위법이다. 금액이 많은지 적은지와 무관하게 절대로
해서는 안 되는 일이다. 그러나 절세는 합법이다. 필요 이상으
로 내지 않도록 주의하자. 직장인은 월급에서 소득세와 사회
보험료를 공제한다. 자동으로 나가기 때문에 자신이 얼마를
냈는지, 자신의 소득세율이 몇 %인지 모르는 사람도 꽤 많다.
직장에서 대신 해 주더라도 사람이 하는 일이다. 틀리는 때도
있다는 말이다. 그러니 매달 자신의 급여 명세를 꼼꼼히 살필
필요가 있다.

자영업자는 대부분 직접 종합소득세 신고를 한다. 그런데 직접 확인하지 않고 세무사에게 일임했을 때, 세무사가 실수로 세금을 많이 내 버리는 사례도 있다. 자영업자도 본인이 직접 어느 정도는 확인하는 편이 좋다.

기업은 통상 1년간의 과세소득이나 세 부담을 예상한 뒤, 과도한 세 부담을 떠안지 않도록 미리 준비해 둔다. 이를 세무 전략이라고 부른다. 우리 개인도 세무 전략을 세우고, 세액 공제가 되는 항목이 무엇인지 확인할 필요가 있다. 직장인이라면 연말정산 간소화 서비스에서 자동으로 공제 항목을 불러올 수 있지만, 완벽하지는 않다. 의료비는 자동으로 연동이 되지만 간혹 누락될 수 있고, 월세 등은 직접 신청하지 않으면 반영이 안 되므로 미리 확인해 두어야 한다. 누락이 되었다면 최대 5년까지 경정청구를 할 수 있으니 걱정하지 말자. 또한 미리 세액 공제가 되는 연금저축 계좌와 퇴직연금 계좌를 마련해 두는 것이 좋다.

소득공제의 자세한 정보나 적용 여부는 국세청 홈페이지에서 확인하자. 부양 가족 여부나 연봉 등에 따라 적용되는 내용이 달라지기 때문이다.

자원을 투자했으면 최대한의 수익을 얻어라

앞서 자신에 대한 투자가 최고의 투자라고 말했다. 현재 공부를 하느라 돈을 벌지 않고 쓰는 상태인 사람도 많을 것이다. 투자에 앞서 기본적으로 지녀야 할 생각은 '자원을 투자했으면 거기서 최대의 수익을 얻어야 한다'라는 것이다.

주변을 둘러보면 자격증을 따기 위한 학교나 학원, 세미나 등이 넘쳐나는데, 자격증을 따고서도 방치하는 사람들이 있다. 자격증 취득 과성이 비싼 경우가 많으니, 활용해서 제대로 본전을 뽑으라고 말해 주고 싶다. 여러분이 투입한 자원인 수강료, 시간, 에너지, 지식, 기술, 인적 네트워크, 용기 등에 대해 최대한의 수익을 얻어야 한다.

이때 여러분이 자원을 쏟아부은 곳이 '여러분 인생 지도'의 대략적인 방향성과 맞는지는 처음부터 잘 따져야 한다. 여러분이 원하는 모습이나 이상적인 삶의 방식에 다가가는 데 필요한 것이 무엇인지 늘 생각하고, 사회의 변화에도 신경 쓰면서 여러분의 가치를 높일 방법을 찾아야 한다. '이거다!' 싶은 무언가를 발견하면 마른 수건을 쥐어짜듯, 있는 힘을 다해 배우고 활용하자. 이용 단가를 낮출 각오로 투입한 자원보다 큰 결과를 거둬들여야 한다.

개중에는 '강좌를 들었지만, 생각했던 것과 달랐다', '직장에서 부업을 금지해서 막상 자격증을 따고도 바로 활용할 수가 없다'라는 사람도 있을 것이다. 지금 당장 최단 경로로 직진하지 않아도 된다. 도중에 잠시 샛길로 빠져도 상관없다. '한번 시작해 봤는데, 아무리 생각해도 이게 아닌 것 같다'라고 판단되면 과감히 그만둬도 된다. 과거에 투입한 자원이 아깝다고 매몰비용에 얽매이면 쓸데없이 낭비만 거듭하는 결과를 낳을 수도 있다. 자신의 인생 지도를 보면서 즐겁게 배우자.

여러분의 인생 지도에 있는 북극성과 이정표를 의식하고만 있다면 지금 당장 도움 되는 배움이나 자격증이 아니어도 괜찮다. 개인적인 경험을 예시로 들어 설명을 추가한다. 나는 대학 졸업 후, 국내외 금융기관 등에서 20년 넘게 펀드 매니저, 증권 애널리스트로 일했다. 기업 경영과 재무를 분석하고 투자하는 일이었다. 일을 하면서 서서히 투자 대상인 일본 기업의 경쟁력이 저하하고 있다는 사실을 깨달았다.

그 과정에서 기업 경영진과 조직은 어떠한 자세를 가져야 하는지를 고민했고, 개인적으로는 코칭이나 리더십에 흥미를 느끼고 배웠다. 그러다가 《실패의 본질: 일본군의 조직론적 연구失敗の本質: 日本軍の組織論的研究》(국내에는 출간되지 않은 책이다. ─ 역자 주)라는 책을 읽고, 남성 중심의 동질성 높은 조직 구조가

일본 기업의 문제라는 생각을 하게 되었다. 그 후 젠더 문제에 관심을 가졌고, 대학원에서 연구하고 싶다는 생각에 회사를 나왔다.

응원해 주는 사람도 있었지만 '아깝다', '경제적으로는 괜찮아?'라는 온갖 걱정이 쏟아졌다. 그렇지만 내 인생 지도를 생각하면 나에게는 '모든 사람이 자신의 속성과 무관하게, 자기답게 살 수 있는 사회'가 더 중요하다고 생각했다.

젠더 연구는 나에게 새로운 분야였는데 공부를 통해 사회 구조적 문제의 존재를 깨닫게 되었다. 그리고 금융업계를 떠나기는 했지만, 젠더라는 관점에서 돈을 생각할 수 있는 능력이 생겼다. 종국에는 여성의 경제적 자립에 도움이 되는 배움의 장을 만들기로 결심했다. 이 책을 쓴 것도 경제적 자립과 나다운 삶을 모색하는 사람들에게 조금이라도 도움이 되는 정보를 전하고 싶었기 때문이다.

처음부터 모든 것을 계획한 것은 아니다. 나의 북극성, 즉 내가 소중하게 여기는 가치관과 양보할 수 없는 주관을 존중하면서, 새로운 걸음을 계속 내디뎠더니 어느새 여기까지 와 있었다. 자신이 원하는 삶을 위해 자신에게 투자하는 행위는 결과적으로 즐거운 일이기도 하다. 여러분도 꼭 즐겁게 배웠으면 좋겠다.

미룬 대가는 비싼 법이다

살면서 '귀찮다', '지금은 하고 싶지 않아'라고 느끼는 일이 있다. 솔직히 말해, 나는 자주 그랬다. 그래서 나도 모르게 미루다가 나중에 가서 후회한 일이 부지기수였다.

지금은 '중요한 일은 절대 미루지 않는다'라는 원칙을 철저히 지킨다. '미루면 그 대가가 비싸다'라는 사실을 알기 때문이다.

가령 메일이나 우편물을 쌓아 두면 나중에 찾느라 고생한다. 일정 관리를 소홀히 하면 지각하거나 일정이 겹쳐 일이 꼬인다. 인간관계에 악영향을 미칠 수도 있다. 미룬 일이 눈덩이처럼 늘어나 따로 뒤처리하는 데도 시간이 많이 든다.

돈도 이와 마찬가지다. 돈을 빌려 간 상대가 좀처럼 갚지 않는다면 얼마나 답답한가? 상대에 대한 믿음까지 흔들린다. 그처럼 여러분이 신용 카드 대금이나 핸드폰 요금을 체납하면 신용을 잃게 된다. 그 신용 정보는 금융회사끼리 공유된다. 그리되면 나중에 대출을 원할 때 심사에 떨어질 가능성이 있다. '이 정도는 괜찮아'라면서 미룬 것이 비싼 대가를 부르는 것이다. 미루려면 그런 비용까지 고려하면서 미룰지 말지를 정해야 한다.

대단하다고 평가받는 사람들은 중요한 일을 먼저 하는 경향이 있다. 결단이 빠르고 반응도 빠르다. 예를 들어, 나는 강의에서 매번 과제를 내는데, 그런 사람들은 아무리 바빠도 그 자리에서 바로 과제에 해당하는 부분을 읽고 의문이 있으면 즉시 질문을 던진다. 또 바쁜 일상에도 틈새 시간을 활용해 과제를 마무리하고 기한 내에 반드시 제출한다. 한편 미루는 게 체질인 사람들은 기한이 코앞까지 다가와야 과제를 시작할 생각을 한다. 그러니 질문도 할 수가 없다. 이런 행동이 수년 간 쌓이면 훗날 인생에 큰 차이가 생긴다.

돈이 어렵기만 한 당신이 읽어야 할 책

유튜브에서 배운 내용은
최선이 아닐 수 있다

자주 받는 질문이 있다. "유튜브를 보면 돈에 관한 정보를 얻을 수 있죠?"라는 것이다. 유튜브나 팟 캐스트 등에는 돈에 관한 온갖 프로그램이 무료로 배포되고 있다. 정보 수집을 위해 잘 활용하기만 하면 그보다 좋을 수 없겠지만, 이때 주의할 점이 두 가지 있다.

첫째는 정보의 신뢰성을 확인해야 한다는 점이다. 그런 프로그램은 틀린 정보를 제공하기도 한다. 맹신하지 말고 직접 1차 정보를 찾아 진위를 확인하는 습관을 들이자. 여러 프로그램을 비교하거나 신문 기사, 책 등 다른 매체를 참조하는 것도 좋다. 돈에 대해 평소에 부담 없이 이야기할 수 있는 동료를 찾아 두는 것도 중요하다. 그래야 정보의 진위를 알아내기 쉽다.

둘째는 그 정보가 자신의 이상적인 삶의 방식에 부합하는지 확인해야 한다는 점이다. 우리가 돈을 대하는 방식에는 각자가 소중히 여기는 가치관이나 지식의 양, 경험치와 사고법 등이 강하게 반영된다. 해당 유튜버의 삶과 여러분의 삶이 비슷한지 생각해 보자. 또 가치관이 비슷하다고 해도 지식의 양이나 경험치가 다르면 그가 추천하는 방법은 현재 여러분에게 최선이 아닐 가능성이 크다. 그들이 제시하는 방법을 여러분이 시도할 수 있을지도 잘 따져야 한다.

남이 추천하는 정보에 휩쓸리지 않고, 올바른 정보에 근거해 자기 머리로 계속 판단하는 것이 중요하다. 인생을 디자인하는 데 필요한 정보는 누가 쉽게 가르쳐 주지 않는 법이다. 누군가가 답을 주기를 기다리면 안 된다. 스스로 정보를 모으고, 스스로 생각하고, 스스로 판단해야 한다.

뭔가를 배우려면 시간과 돈과 에너지를 제대로 써야 한다. 자신에 대한 투자를 통해 자기 가치를 높여야 한다.

기업의 재무제표를 읽을 수 있다

자신의 재무제표를 작성하다 보니, 기업의 재무제표를 읽을 수 있게 되었다는 이야기를 많이 듣는다. 개인의 자금 상황이나 기업의 자금 상황이나, 관리 방법의 큰 틀은 동일하다. 자기 손으로 자신의 재무제표를 만들고 나면 기업에 대한 이해도도 깊어지는 것이다.

마지막 장에서 투자에 관해 설명할 텐데, 개별 기업의 주식이나 회사채에 투자하고 싶은 사람에게 기업의 재무제표를 읽는 능력은 필수다. 그러니 일단은 자신의 재무제표부터 작성해 보길 바란다.

2단계

일하기,
자기답게
벌자

파이어족, 난 반댈세!

이 장에서는 '일을 해서 돈을 버는 방식'에 관해 이야기해 본다. 처음에는 자기답게 일하는 방식과 자기 가치를 높이는 방법부터 설명할 것이다. 자신에 대한 투자의 중요성에 관해서도 언급한다. 이후에는 우리가 가진 무의식적 편견이 일하는 방식과 돈 버는 방식에 큰 영향을 미친다는 사실에 관해 설명할 것이다.

'돈을 불린다'라는 말을 들으면 무엇이 떠오르는가? 절약이나 금융상품 투자를 떠올리는 사람도 많다. 우선, 절약에는 한계가 있다. 무리를 할수록 마음이 힘들어진다. 투자하려면 종잣돈이 필요하다. 여유로운 생활을 이어 갈 만큼 충분한 수익을 계속해서 확보하기란 쉽지 않다.

파이어FIRE족이라는 말이 있다. 경제적 자립Financial Independence과 조기 은퇴Retire Early를 추구하는 사람들을 말한다. 이들은 젊었을 때 열심히 절약하고 일해서 돈을 모으고, 조기에 퇴직하는 것이 목표다. 그 후에는 투자 수익으로 산다.

은퇴 후 자산에 관한 미국의 유명 연구인 트리니티 연구 Trinity Study에 따르면 '주식 50%, 채권 50%의 자산을 만들어 연 4%씩 인출해 쓰면 30년 후에도 자산은 거의 그대로 남는다'라고 한다. 파이어란, 연간 지출액의 25배에 달하는 자금을 조기에 확보한 뒤, 전액 운용해서 수익을 얻고, 그중 일부를 생활비로 쓰면 모은 돈을 줄이지 않고 살아갈 수 있다는 개념이다.

그러나 트리니티 연구의 설명대로 투자하더라도 연구 결과대로 흘러가지 않을 리스크가 있다. 해외 사례에서 세금을 고려하지 않은 경우가 있기 때문이다. 무엇보다 완전히 은퇴하기 위해서는 젊었을 때 자신이 가진 자원 즉 돈, 시간, 에너지 등이 투자를 위한 종잣돈 확보에만 들어가게 된다. 그렇게 되면 자신에 대한 투자가 소홀해지기 쉽다. 또 조기에 은퇴하면 근로 소득이 끊기고, 리스크를 수반하는 투자에만 의존해야 하는 점에도 주의해야 한다.

완전한 파이어를 목표로 삼기보다 우선은 일하는 방식과 돈 버는 방식을 재검토하라고 권하고 싶다. 자신에 대한 투자를 통해 자기 가치를 높이면서, 원할 때 원하는 장소에서 원하는 일을 할 수 있는 방법을 생각하는 것이 현실적이다. 언제 어디서든 일할 수 있도록 노동의 이동성portability을 높여야 한다.

늘어난 수입의 일부를 금융 투자로 돌려라. 파이어라는 개념을 참고하면서도 완선히 은퇴하지는 말고 좋아하는 일을 계속해 나가라는 것이다. 일을 계속하다 보면 자산운용이 뜻대로 되지 않더라도 당황하지 않을 수 있다. 일을 하면 사회와 연결되고 자기 삶의 보람도 찾을 수 있다.

이상적인 삶의 방식을 실현하기 위해 자신에게 맞게 일하는 방식, 돈 버는 방식을 찾아보자. 일하는 방식을 연구하면 제대로 수입을 키울 수 있다. 그다음이 투자다.

종신 고용이 당연했던 시절에는 정년까지 일하고 저축하는 방식이 통했다. 그러나 최근에는 회사가 무너지거나 인원을 감축하는 등의 여파로 몇몇 직종을 빼고는 정년까지 계속 일할 수 없는 사례가 많다. 긴 인생 속에서 우리는 언제든 불의의 사태를 맞을 수 있다. 만일의 사태가 생겼을 때 대응할 수 있도록 평소에 준비해 두어야 한다.

투자에 관해서는 다음 장에서 자세히 설명한다. 앞에서 언급한 대로 '저축', '일하기', '투자' 중 자신이 잘하는 분야를 중심으로 돈 다루는 재능을 갈고닦기를 권한다.

자기답게 일하고, 자기답게 버는 길

여러분은 현재 일하는 방식과 돈 버는 방식에 만족하고 있는가? '그렇다'라고 즉답한 사람은 행운아다. 그대로 계속하는 것이 최선이다. 다만, 현재 일하는 방식, 돈 버는 방식을 유지하면서도 수입을 조금 더 늘릴 방법을 찾아보면 좋겠다.

'바로 답이 나오지 않는다' 또는 '그렇지 않다'라고 생각한 사람은 일하는 방식을 수정할 필요가 있다. 방식을 바꿈으로써 이상적인 삶에 다가갈 길을 함께 생각해 보자.

여러분이 자기답게 만족감을 느끼면서 일하고, 그를 통해 돈을 벌 방법이 있다는 사실을 알았으면 좋겠다. 일은 일방적으로 주어지는 것이 아니다. 같은 장소에서 같은 일을 계속하는 것이 미덕도 아니다. 시도해 보고 그게 아니라고 판단되면

바꿔도 된다. 자신이 이상으로 여기는 삶의 방식을 목표 지점
이라고 한다면 그 목표에 도달하기 위한 경로와 활용할 도구,
함께 나아갈 동료는 스스로 선택할 수 있다. 자기 인생은 자기
손으로 디자인하는 것이다.

양보할 수 없는 것이 있는 사람이 진짜 강하다

여러분은 일자리를 찾을 때 어떤 점을 중요하게 보는가? 왜
그 일을 선택했는지 기억하고 있는가? 대부분은 아래 항목들
을 떠올릴 것이다.

① 업무 내용
② 전문성
③ 연봉
④ 근무지
⑤ 근무 시간
⑥ 기업의 인지도
⑦ 안정감

무엇을 중요하게 보는지는 사람마다 다르다. 정답은 없다. 남의 눈을 신경 쓰지 말고 자유롭게 생각해 보자. 자신이 소중하게 여기는 항목을 확인하고 '이것만큼은 절대로 양보할 수 없다!'라고 느끼는 것들을 꼽아 보자. 종이에 쓰는 것도 좋다. 그리하여 이상적인 삶의 방식에 조금이라도 가까워질 수 있는 돈 버는 방식, 삶의 방식을 고르자.

여기서 중요한 점은 과거나 현재뿐 아니라 미래를 내다보고 생각해야 한다는 것이다. 눈앞의 일에만 얽매이지 말고, 장기적인 관점으로 검토해야 한다.

언젠가 취업 준비 중인 대학생을 상담하면서 안정적인 대기업에 들어가고 싶다는 고민을 들은 적이 있다. 학생이 희망하는 회사는 갑자기 타 지역으로 전근 발령을 받을 가능성이 있는 곳이었다. 그 얘기를 했더니 그는 "근무지를 바꾸고 싶지 않다. 지원할 기업을 다시 찾아보겠다."라고 답했나. 그 학생의 우선 사항은 사실 근무지였다. 이처럼 자신에게 무엇이 중요한지를 미리 확인해야 한다.

원하는 직업을 갖더라도 나이가 들면서 가치관이 바뀔 수도 있다. 세상은 변하고, 자기 자신도 변하는 법이다. 그러니 한번 결단했더라도 '이 일을 계속하다가는 나 자신의 가치가 커지지 않겠다', '내가 이상으로 여기는 삶의 방식에 가까워질 수 없겠다'라는 판단이 서면 언제라도 궤도를 수정해야 한다. 자기답게 살기 위해 언제든 궤도를 수정할 수 있는 사람이야 말로 강한 사람이다.

직장 다닐까, 독립할까?

만약 선택할 수 있다고 가정하면 여러분은 '직장에 고용되어 일하는 방식'과 '독립해서 일하는 방식' 중 어느 쪽을 고를 것 인가?

'회사나 조직에 속해서 일하고 싶다'라는 사람은 직장과 고용계약을 맺고 그에 따라 일하면 된다. 이는 경영자나 관리 직 등이 결정한 경영 목표에 따라 일하는 방식이다. 근무 시간 과 근무 형태에 제약이 있기는 해도 고용계약에 따라 일하는 직장인의 장점은 실패했을 때 리스크를 혼자 짊어지지 않는 다는 점, 혼자서는 할 수 없는 큰 프로젝트를 맡아서 일할 기 회가 있다는 점이다. 업무상 질병이나 부상으로 일할 수 없게 될 때는 산재보험을 통해 급여를 받고, 실업했을 때는 고용보 험을 통해 실업급여를 받을 수도 있다. 정규직이나 계약직, 파견직, 비상근직 같은 비정규직까지 근로 방식도 다양하다.

독립해서 일하고 싶은 사람은 우선 사업자 등록을 한 개인 사업자, 프리랜서로 시작하면 좋을 것이다. 회사를 설립해서 대표가 되는 것보다 자금이나 시간적인 부담을 줄일 수 있다. 개인 사업자는 직장과 고용계약을 맺지 않고 개인 자격으로 자유롭게 일한다.

독립의 장점은 업무 내용이나 근무 시간, 근무 형태 등을 스스로 결정할 수 있다는 점이다. 반면에 리스크를 직접 감수해야 한다. 특히 독립 초기에는 일이 없는 날이 오래 이어질 것이다. 그동안에 무언가를 배우거나 준비하면서 긍정적으로 보낼 수 있는 사람이 독립에 적합하다. 그런 시간이 불안한 사람은 직장에서 일하는 편이 나을 수 있다.

개인 사업자처럼 유연하게 일하고 싶지만, 일을 스스로 찾거나 경영 관리를 싫어하는 사람은 외주 계약을 맺어서 직장에 고용되는 것과 비슷한 형태로 일할 수도 있다. 단, 외주 계약은 4대보험의 대상이 아닌 경우가 많다. 일이 끊어질 때를 대비해야 한다. 개인 사업자로 기반을 다지고 나면 자기 세상의 주인으로 살아갈 수 있다. 사업 규모가 커지면 법인 회사를 설립해 고용주가 되는 길도 생긴다.

이 두 가지 길 외에도 일은 하나 돈을 받지 않는 무급노동도 있다. 무급노동에는 가사, 육아, 간병 외에 사회적 활동인 자원봉사 등이 포함된다.

　여러분의 이상적인 삶의 방식에 접근할 길을 골랐다면 그 다음에는 세금이나 국민연금 등의 시스템도 확인해야 한다. 세금이나 국민연금 같은 것은 보수 정도나 가족 구성뿐 아니라 일하는 방식(피고용자인지 개인 사업자인지)에 따라서도 달라진다. 일한 대가로 같은 보수를 받더라도 자신이 일하는 방식에 따라 수중에 남는 금액이 달라진다. 자신이 선택한 방식으로 일하면 어떤 항목으로 얼마를 내야 하는지, 절세 방법과 함께 사전에 확인해 두어야 한다.

월급은 인내의 대가인가?

이상적인 삶의 방식, 자신에게 맞게 일하는 방식에 비추어 보아 현실이 그와 다르다고 판단했다면 스스로 변화를 일으켜야 하지 않을까? 그런 사람들은 아마 이 글을 읽기 전부터 현재 상황이 답답했을 것이다.

　누군가가 기회를 주기를 기다리지 말고 스스로 변화를 일으켜야 좋은 결과를 얻을 확률이 높아진다. 물론 불안할 수도 있다. 이직도 힘든데, 그 이상으로 일하는 방식 자체를 뒤집는 변화를 일으키기는 불안할 것이다.

'실패하면 안 돼' '참기만 하면 월급은 들어올 테니까'라는 생각 많이 할 것이다. 예전에 어느 상사가 "남의 돈 받으려면 힘들어도 참아야지."라고 말했던 기억이 지금도 생생하다. 월급은 인내의 대가일까? 당시 나는 수긍하지 못했으나 말로 표현할 수 없었다.

우리가 소중히 여기는 가치관은 각기 다르다. 월급을 인내의 대가로 보는 사람도 있을 것이다. 하지만 용기 있게 한 발 내디뎌 그 상태에서 벗어날 수 있다면 그것도 좋지 않은가? 참고 또 참아도 상황은 변하지 않을 가능성이 크다. 어차피 일할 거라면 보람을 느끼고 만족할 수 있어야 하지 않은가? 소중한 사람들과 사회에 도움 되는 일을 하면서, 자신과 동료가 함께 웃을 수 있다면 그보다 더 좋을 수는 없을 것이다.

이때다 싶을 때 한 걸음 내디딜 수 있는 사람에게만 보이는 세계가 있다. 지금 있는 자리에 앞으로도 계속 머무는 것과 용기 있게 한 걸음 내디뎌 만들어 낼 미래를 비교하면서, 어느 쪽이 자신이 이상으로 여기는 삶의 방식에 가까운지를 따지고 판단해 보자.

자신이 일할 방식은 자신이 바꿔야 한다

상황이 나쁠 때, 일이 잘되지 않을 때, 나만 손해 본다고 느낀 적이 있는가? 가족과 친구, 직장 동료가 자신이 원하는 대로 움직여 주면 더 편해질지도 모른다. 그런데 남들도 다 그렇게 생각한다면? 모두의 희망이 동시에 실현되기는 어렵다.

타인을 뜻대로 움직이기는 어렵다. 협박 같은 수단으로 강제한다고 해도 오래가지 않는다. 상대를 바꾸는 데, 또는 그가 변하지 않는다고 한탄히는 데 시간과 에너지를 쓰기보다는 스스로 상황을 바꾸는 것이 훨씬 효과적이다.

또 자신이 말을 꺼내고 주도권을 잡으면 '선택할 권한'을 얻을 수 있다. 직접 일을 이끌어 갈 수 있어서 재밌어진다. 우선은 자신이 사물을 인지하는 방법부터 바꾸자. '누군가가 움직여 주는' 것이 아니라 '제 손으로 움직여 가는' 것만 해도 세상이 바뀐다.

인지 방법을 바꾼다는 것은 '아무도 ○○해 주지 않네'라는 생각을 '내 손으로 하자!'라는 생각으로 바꾼다는 말이다. 나쁜 쪽보다 좋은 쪽에 시선이 가고 행복한 시간을 더 오래 즐길 수 있다. 행복한 여러분의 모습을 보고 주위 사람도 자신의 언행을 바꿀지 모른다. 여러분이 변하면 주위도 변한다. 직

돈이 어렵기만 한 당신이 읽어야 할 책

접적으로 작용하지 않아도 즐거운 결과가 덤으로 따라올 수 있는 것이다.

타인과 과거는 바꿀 수 없다. 바꿀 수 있는 건 자신과 미래뿐이다. 이 말을 다시 한번 명심하면서, 우선은 자기 자신부터 바꿔 보자.

스스로 값어치를 매겨 보자

간단한 확인 작업을 해 보자.

① 현재의 자신에게 값을 매겨 보자. 실제 수입과 관계없이 적절한 연봉과 시급을 자기 나름대로 예상해 보자.

② 실제 수입을 확인하자.

　(a) 급여 명세서를 확인하자.

　(b) 시급을 계산하자.

③ 미래의 수입을 예상해 보자. 지금 있는 자리에서 계속 일할 때, 향후 수입은 어떻게 될 것 같은가?

④ 실제 수입과 예상한 수입을 비교해 보자. 어떤 느낌이 드는가? 깨달

이는 자신의 가치를 제대로 평가하기 위한 작업이다. 고용되어 일하는 사람은 일반적으로 직장에서 보수를 정해 준다. 자영업자도 고객이 받아들일 수 있는 수준에서 가격을 정하는 경우가 많다.

어느 쪽이든 수입에 대한 개인의 희망은 뒷전으로 밀리기 쉽다. 꽤 오랜 기간 동양 사회는 성별 임금 격차가 크고, 같은 직종이라도 여성의 보수가 낮았다. 남녀 격차가 큰 사회에서 자라는 사이에 이러한 일상이 당연하다고 인식하게 되면 창업을 하더라도 자신도 모르게 보수를 낮게 설정해 버릴 가능성이 크다. 부디 당신이 정당한 평가를 받을 수 있는 자리에 있기를 바란다. 그리고 자신의 가치를 계속 높여야 한다는 점을 명심하라.

자신의 가치를 높이는 여덟 가지 힘

자신의 가치를 높여 가는 사람들에게는 몇 가지 공통점이 있다. 크게 여덟 가지로 나누어 소개하겠다.

① 끊임없이 배우는 자세

② 자립적 · 자율적 태도

③ 비판적 사고력

④ 우연한 만남을 즐기는 자세

⑤ 정보 수집력(듣는 힘, IT 활용능력, 영어 실력 등)

⑥ 전달력

⑦ 금융 지식

⑧ 차별에 대한 인식

① 끊임없이 배우는 자세

세상은 변화의 연속이다. 따라서 여러분이 몇 살이든 호기심을 가지고 계속 배워야 한다. 컴퓨터 OS를 업데이트하는 것처럼, 자신의 OS도 업데이트하라. 배운 것은 자기 가치 향상을 위해 활용하라. 배웠다는 사실에만 만족해 안주하거나 자격증만 따면 된다고 생각해서는 안 된다.

② 자립적 · 자율적 태도

자립적이고 자율적으로 살면 인생이 자유로워진다. 경제적 자립은 물론 정신적 자립을 이루면 자기 기분을 통제할 수 있다. '해피 파워'를 얻을 수 있는 것이다. 타인에게 너무 의존하면 자기 결정권을 잃는다. 또 의존하던 상대가 사라졌을 때 당황해한다. 주위 사람에게 필요에 따라 의지할 수는 있겠지만, 그럴 때도 적당한 거리를 둬야 한다.

③ 비판적 사고력

사물과 정보를 맹신하지 않고, 다각도·논리적으로 생각하는 사고법을 비판적 사고라고 부른다. 공교육의 현실상 우리는 비판적 사고를 배울 기회가 많지 않았다. 비판적으로 생각해야 하는 과제를 제시하는 교육이 극단적으로 적었다.

세상의 '보통'이 늘 옳은 것은 아니다. 권력자는 때때로 자신에게 편한 방향으로 제도를 바꾸고, 언론과 여론을 움직인다. '다들 그렇게 해', '옛날부터 이렇게 했어' 등의 표현에 조심해야 한다. '정말일까?', '다들이라니 그게 누구지?'라고 생각하는 습관을 들여야 한다.

④ 우연한 만남을 즐기는 자세

안락함을 느끼는 컴포트 존에서 한 걸음만 벗어나면 새로운 세상이 펼쳐진다. 같은 장소, 같은 사람들 사이에 있으면 시야가 좁아지고 편견이 강화되는 경향이 있다. 의식적으로 다른 행동을 취하고 새로운 환경으로 들어가야 한다. 우연한 만남이 있어야 새로운 뭔가가 탄생하는 법이다.

⑤ 정보 수집력(듣는 힘, IT 활용능력, 영어 실력 등)

끊임없이 배우려면 정보 수집력이 중요하다. 의식적으로 상대방의 이야기에 귀를 기울이는 '듣는 힘'을 익히자. IT와 외국어 활용능력이 있으면 더 많은 정보를 빠르게 접할 수 있다.

⑥ 전달력

말로써 의도를 전달하는 것은 중요한 행위다. 상대방이 언제나 여러분의 마음을 헤아리고 여러분을 위해 움직여 줄 거라고 기대할 수 없지 않은가? 아무리 훌륭한 정보와 아이디어가 있어도 그 내용이 얼마나 훌륭한지를 주위에 전하려면 말로 표현해야 한다. 상대 마음에 와닿는 표현과 전달법을 익혀서 여러분의 가치를 보여 줘야 한다.

⑦ 금융 지식

자본주의 사회에서 돈은 중요한 자원이다. 돈은 무서운 것도 어려운 것도 아니며, 이상적인 삶의 방식에 다가가기 위한 중요한 도구다. 돈에 관해 배우고, 자기답게 돈을 다루는 방법을 익히면 인생에서 선택지를 늘릴 수 있다.

⑧ 차별에 대한 인식

사회에 어떤 차별이 있는지 몰라도 사는 데는 큰 지장이 없다. 하지만 이에 대해 인식하면 인생의 선택지가 늘어난다. 특히 여성 등 사회적 약자는 이를 알아야 살기가 편해진다. 사회적 약자 자신도 본인이 가진 편견을 알아야 한다. 그래야 인식 부족으로 남에게 상처를 줄 위험이 줄어든다. 차별 관련 지식은 의식적으로 배울 것을 권한다.

경제적 자립이 곧 인생의 자립

경제적 자립은 자유를 가져다준다. 경제적 자립을 이루면 스스로 자기 인생을 디자인하기 쉬워진다.

돈에 관한 설문조사를 해 보면 돈을 많이 버는 배우자를 만나 평생 일하지 않고 살고 싶다는 사람도 있다. 물론 가치관은 다 다르겠으나 남자든 여자든 전업주부는 경제적 리스크가 크다. 투자에 비유하면 한 기업의 주식에 전 재산을 쏟아붓는 것과 비슷하다.

투자의 기본은 분산이다. 다양한 상품에 투자해 리스크를 분산해야 안심할 수 있다. 누구나 다 아는 안정적인 대기업이라도 그 기업의 주가가 영원히 우상향으로 흘러간다고 보장할 수 없다. 언제 무슨 일이 일어날지 모르는데, 집중 매수는 리스크가 너무 크다.

배우자도 마찬가지다. 가족이 한 사람의 수입에만 의존하면 가장의 질병이나 부상, 실직 등이 가족 전체의 생활에 영향을 끼친다.

배우자와 마음이 맞지 않거나, 가정 폭력에 시달리면서도 경제적인 이유로 헤어지지 못해 고민하는 사람도 있다. 반대로 이직이나 독립을 원하는데 전업주부인 배우자가 반대해 힘들다는 상담 요청을 받을 때도 있다.

남녀가 만나 사랑에 빠져 결혼하고 아이가 태어난다면 더 이상 바랄 게 없다는 연애 지상주의적인 가치관도 있다. 이를 일본에서는 로맨틱 러브 이데올로기라 부르는데, 메이지 시대 (1868-1912) 이후에 널리 퍼진 생각이다. 남편은 밖에서 일하고 아내는 집을 지킨다는 성별 분업도 여전히 일본에 뿌리 깊게 남아 있다.

그러나 긴 안목으로 본다면, 가족 전체의 수입원은 하나보다 둘일 때 더 안심할 수 있다. 만일의 사태에 대비하기 위해서도 각자 경제적으로 자립하는 것이 중요하다.

일하는 방식은 다양하다

'일본식 고용 관행'이라는 말이 있다. 이는 일본의 독특한 근로 관행을 가리키는 말로 제2차 세계대전 이후 고도 경제 성장기에 만들어진 것이다. '종신 고용', '연공서열제', '기업별 노조' 세 가지가 특징이다.

일본은 고도 경제 성장기에 인력 부족 현상이 심각해 어느 기업이나 인재 확보에 혈안이 되어 있었다. 그때 탄생한 것이 신규 대졸자를 일괄 채용해 정년까지 계속 고용하는 '종신 고용' 제도다. 오래 근무한 사람을 승진, 승급시키는 '연공서열제'와 정년까지 근무하면 목돈을 지급하는 퇴직금 제도도 정착했다.

이렇게 했더니 직원에게 고용 안정이라는 혜택이 생기는 대신, 참을 일이 많아졌다. 회사 사정상 급한 야근이나 전근,

원하지 않는 부서 이동 등도 강요당하게 된 것이다. 직원이 자신이 원하는 근로 방식을 선택할 수 없다는 의미에서 이러한 근로 방식을 '무제한 노동'이라고 부른다.

일본식 고용 관행하에서는 '무제한 노동'에 복종하는 사람을 높이 평가했다. 언제 어디서나 어떤 일이든 할 수 있는 사람, 한 기업에 오래 근무하는 사람, 즉 회사가 편하게 부릴 수 있는 사람이 존중받고 승진했다. 한편 '무제한 노동'을 할 수 없는 사람은 평가가 나쁘고 보수가 낮았다. 이직이나 전직 하는 사람을 부정적으로 생각하는 풍조도 생겨났다.

그러나 1990년대 들어 버블경제가 붕괴하고 경기가 침체 하자 상황은 바뀌었다. 유명 대기업이 사실상 도산 상태가 되고, 더 이상 종신 고용은 어렵다는 기업도 나왔다. 이직도 일 반적인 현상이 되었다.

애초에 고도 경제 성장기에 만들어진 관행을 현대에 끼워 맞추기는 무리였다. 일하는 방식이 하나만 있는 것은 아니다. 같은 직장에서 정년까지 계속 일하는 사람도 있지만, 부업을 시도하거나, 이직 또는 전직을 하거나, 창업하는 등 일하는 방식은 다양하게 선택할 수 있는 것이다. 누가 만들었는지도 모르는 규정을 '당연한 것'으로 받아들이면 자신에게 손해다.

하고 싶은 일을 나다운 방식으로 시작하자

여기까지 읽었으면 '나는 지금 일하는 방식과 다른 방식을 원한다'라고 깨달은 사람도 생겼으리라고 짐작해 본다. 이직과 비교할 때, 전직이나 창업은 역시 심리적 장벽이 높다. 그러나 자신에게 맞는 방식을 선택하면 만족도가 커진다.

우리의 가능성은 무한하다. 어렵게 느껴지더라도 포기하지 말고 실현하기 위한 방법을 찾아보자. 못 하는 것이 아니라, 안 하는 경우가 사실 더 많다. 실패를 두려워하지 말고 시도해 봐야 한다.

창업에 뜻을 둔 사람들을 상담할 때 가장 많이 듣는 이야기는 직장을 그만둔 후의 경제적 불안에 관한 것이다. 가장 장벽이 낮은 시작 방법은 지금 하는 일을 계속하면서 나중에 하고 싶은 일을 조금씩 시험해 보는 길이다.

지금 하는 일을 계속하면서 도전하면 수입이 끊기지 않는다. 두 일을 동시에 병행하다가 뭔가 새로운 것을 시도해도 좋고, 필요한 지식이나 자격증을 얻기 위해 학교에 다니는 것도 좋을 것이다.

과감하게 회사를 그만두는 것도 한 가지 방법이다. 지금 하는 일이 너무 바쁜 사람은 두 일을 병행하거나 다양한 시도를 할 시간을 내기 어려울 수 있다. 사람에 따라서는 어중간한 것보다 심기일전해서 새로운 일에 몰두하는 편이 좋을 수도 있다.

이때 중요한 것은 무엇을 시작할 것인가 하는 점이다. 호기심이 샘솟는 일, 어린 시절부터 동경했던 일 등을 떠올리면서 곰곰이 생각해 보자. 하고 싶은 일과 잘하는 일이 꼭 일치하지는 않는다. 이미 경험했던 일은 바로 전력으로 뛰어들 수 있어 좋지만, 그 점만 중시하면 정말 하고 싶은 일을 못 하게 될 수도 있다.

당장 돈이 되지 않아도 괜찮다. 모처럼 시작한다면 호기심과 사명감이 충족되는, 여러분에게 정말 중요한 일부터 시도해 보자.

특기를 하나만 살리기보다는 여러 장점이 시너지 효과를 내게 하는 것도 좋다. 가령 요리를 좋아하는데 영어 실력도 있다면 외국인을 위한 요리 교실을 열면 경쟁력이 있다. 만약 당신의 특기가 세 가지라면 경쟁력은 더 강해질 것이다. 여러분을 특징지을 수 있는 강점이 있으면 그것이 바로 브랜드 파워가 된다.

수입원이 여러 개면 안심할 수 있다

리스크 분산은 중요하다. 버는 사람이 한 명일 때보다 두 명인 맞벌이 가구가 리스크 분산에 유리하다는 이야기는 앞에서도 했다. 버는 사람이 둘이면 한 사람에게 무슨 일이 생겨도 다른 사람이 구멍을 메울 수 있기 때문이다.

혼자인 사람도 마찬가지다. 수입원을 하나만 두지 말고 여러 개 확보하면 리스크를 분산할 수 있다. 여러 일을 하면 다양한 관점과 인맥을 얻을 수 있는 장점도 있다. 또 한 가지 일로 연간 3천만 원을 벌기보다 천만 원씩 세 가지 일로 버는 쪽이 실현하기도 쉽고 일이 안정되기도 쉽다.

부업부터 시작하자

우선은 부업을 추천한다. 지금 하는 일, 다니는 직장이 너무 좋아서 계속 일하고 싶은 사람은 물론이고, 이직이나 창업 등의 가능성이 있는 사람도 부업을 시도해 볼 것을 권한다. 지금 하는 일을 계속하면서 자산, 지식, 인맥을 쌓는 동시에 미래를

돈이 어렵기만 한 당신이 읽어야 할 책

대비하기 위한 부업을 시험하는 방식은 효율이 좋다.

우선은 자신이 하고 싶은 사업의 콘셉트나 비즈니스 모델을 조금씩 시도해 보자. 만약 콘셉트가 없는 사람은 정부나 지자체의 창업 지원 서비스를 활용할 수도 있다. 다양한 지원 사업이 있으니 검색해 보길 바란다.

친구와 가족에게 사업을 설명하고 그 반응을 살펴보는 것도 좋다. 그리고 그 단계에서 여러분을 응원해 줄 법한 사람에게는 상품과 서비스에 대한 모니터링을 부탁해도 좋다. 일단 말로 꺼내서 의사를 밝히는 것이 첫걸음이다.

그런데 실제 시도하는 단계가 되면 불안해하는 사람이 많다. 자주 듣는 고민을 세 가지 패턴으로 나누어 설명한다.

① 마케팅과 홍보가 젬병이다

'쑥스러우니 얼굴은 내놓고 싶지 않나', '마케팅과 홍보에 관해서는 아무것도 모른다', '생판 모르는 사람에게 영업하기는 무리다'라는 소리를 들을 때가 있다. 마음은 이해한다.

하지만 사람들에게 알려야 여러분의 상품이나 서비스를 알 수 있다. 회사원으로 고용되어 일할 때는 영업 담당, 홍보 담당이 따로 있어서 신경 쓸 일이 없었을 것이다. 그러나 자신이 재량권을 가지고 일할 때는 직접 알리고 홍보하는 일이 무척 중요해진다.

무엇보다 여러분이 그곳에 있다는 사실을 알려야 한다. 생각을 바꿔라. 참고로, 마케팅과 홍보는 도저히 못 하겠다는 사람은 어딘가에서 하청이나 외주를 받는 형태로 부업 삼아 일하는 방법도 있다.

② 자신의 상품이나 서비스에 자신감이 없다

'아직 경험이 짧아서', '서비스가 부족해서', '더 준비해야지 지금은 아닌 것 같다'라는 말을 하는 사람이 많다. 누구나 처음이 있다. 처음부터 자신만만한 사람은 드물다. 그렇지만 자신이 없다 해도 부딪혀야 경험이 쌓인다. 해 보지 않으면 익숙해질 날도 오지 않는다.

처음에는 여러분을 응원해 주는 사람에게 사업을 선보이기 시작해 조금씩 경험과 자신감을 쌓아 나가도록 하자. 무료 또는 저가로 모니터링해 달라고 부탁하면서 피드백을 받을 수 있는 시스템을 갖추자.

③ 정당한 가격을 요구하기 어렵다

판매량을 빠르게 올리고 싶어서 싸게 팔거나, 값은 생각지도 않고 거래 의뢰가 오면 모조리 맡고 보는 사람이 있다. 특히 어느 날 갑자기 직장을 그만둔 사람은 수입이 끊겼다는 사실만으로도 불안하고 초조감에 시달린다.

하지만 싼값에 팔면 여러분의 브랜드 가치를 떨어뜨리는 것이다. 계속해서 제값을 못 받고 계약하면 물량에 치여서 몸이 망가진다. 회사 소속이 아니다 보니 여러분을 대신할 사람도 없다. 왜 독립했는지 이유도 알 수 없는 짓은 멈춰야 한다. 처음에는 매출이 나지 않는 게 당연하다고 생각하고 버텨야 한다.

여기까지는 부업과 독립에 관한 이야기였다. 그런데 육아나 가사, 간병, 자신의 건강 상태 등을 생각하면 지금은 근로 방식을 바꿀 상황이 아니라는 사람도 있을 것이다. 그런 사람은 지금 당장 극적으로 무언가를 바꾸지 않아도 된다. 미래를 조금이라도 낫게 만들 이상적인 방식을 인생의 북극성처럼 바라보면서 자신에게 맞는 시기에 한 걸음씩 나아간다면 그것만으로도 성공이다.

참고할 만한 실제 사례를 간단히 소개한다.

사례 1: A 씨의 부업

A 씨는 40대 기혼 여성이다. 아이는 없고 남편과 둘이 산다.

공채를 통해 정규직으로 입사한 기업에서 계속 일해 왔다. 일반 사무직이라 전근은 없지만 승진은 별로 기대할 수 없을 것 같다. 앞으로 AI가 보급되면 사무직 일자리가 없어진다는 뉴스를 읽고 불안감을 안고 있었다.

A 씨는 비전 노트를 작성했고, 자신이 어릴 때부터 사람의 변화와 성장에 관심이 있었음을 떠올렸다. 학원에 다니며 자격증을 따고 조금씩 활동했다.

현재는 직업 상담가 자격증을 따고 커리어 상담이 뛰어난 상담가로서 부업을 하고 있다. 앞으로 만약 현재 다니는 직장 일을 그만둔다고 해도 상담가로 독립하면 될 것 같아 안심하고 지낸다.

사례 2: B 씨의 창업

B 씨는 30대 기혼 여성이다. 시도 때도 없이 전근 다니는 남편, 쌍둥이 유치원생과 살면서 가사와 육아에 전념하고 있다. 결혼 전에는 정규직으로 일했고 현재도 일하고 싶다. 하지만 시간적인 여유가 없고, 남편이 몇 년에 한 번씩 전근을 다니기에 정규직으로 채용해 줄 만한 직장을 좀처럼 찾지 못해 고민했다.

B 씨는 안정적으로 수입을 얻기 위해 정규직만 바라보고

돈이 어렵기만 한 당신이 읽어야 할 책

애썼지만, 이상적인 근로 방식과 삶의 방식에 관해 고민한 결과, 풀 타임으로 출퇴근하는 형태는 맞지 않다고 판단했다. 원래 일러스트 그리기를 좋아했기에 조금이라도 살림에 보탬이 되면 좋겠다는 생각으로 작품을 SNS에 올렸는데 의뢰가 들어왔다. 아이를 키우면서도 계속할 수 있겠다고 판단해 웹 디자인까지 배웠다. 그 결과, 멋진 일러스트 실력까지 갖춘 웹사이트 디자이너로 창업하게 되었다.

사례 3: C 씨의 이직

C 씨는 30대 미혼 여성이다. 상담 당시, 증권사 영업직으로 일하고 있었다. 실적이 사내 최고 수준이었지만, 승진은 남성의 전유물이었다. 경영진과 관리직이 온통 남성들뿐인 회사였다. 이에 그 직장에서는 여성인 자신으로서는 밝은 미래를 꿈꾸기 어렵겠다고 고민하고 있었다.

C 씨는 성별과 상관없이 제대로 된 처우를 받고 싶어 했고, 외국계 금융기관으로 이직할 목표를 세웠다. 그래서 영어를 공부했고, 일하면서 MBA(경영학 석사)를 취득해 외국계 투자은행으로 자리를 옮겼다. 지금은 연봉, 직함 모두 높아져 만족스러운 생활을 만끽하고 있다.

직장에서 부업을 금지한다면

일반적으로 많은 회사에서 취업 규칙이나 고용 계약서에 겸업 금지 조항을 명시하고 있다. 하지만 근로자의 겸업 사항은 해당 근로자의 사생활 범주에 속한다. 본업에 지장을 주는 경우가 아니라면 겸업 금지는 법적으로 한계가 있다고 볼 수 있다. 물론 겸업을 해서 회사의 대외적 이미지를 실추하거나 경영 질서를 해치고 부작용이 있다면 겸업을 금지할 수 있다.

그럼, 부업하는 사실은 어떨 때 일러질까? 가장 흔한 사례는 부업 소득이 늘어나 건강 보험료가 추가된 경우다. 근로 소득 외의 소득이 연간 2천만 원을 초과하면 '소득월액 보험료'라는 건강보험료가 추가된다. 해당 고지는 회사가 아닌 본인 주소지에 직접 날아오기 때문에 회사가 바로 알 수는 없지만, 연말정산 시 연말정산 자료를 제출했고 연말정산 담당자가 이를 봤다면 겸업을 의심할 수도 있다.

부업 소득이 2천만 원 이하인 사람은 마음 편하게 매년 5월에 종합소득세만 신고하면 된다. 다만 부업 현장을 목격한 사람이 있거나, SNS에 일하는 모습을 노출했거나, 믿고 털어놓은 사람이 말하고 다녀 사내에 해당 사실이 퍼질 수 있다. 의외로 그런 식으로 낭패를 본 사람이 많다. 또 부업 탓에 본업에 지장이 생겨 추궁받은 끝에 솔직히 털어놓았다는 이야기도 들은 적이 있다.

자기 투자 없이는 안정된 돈의 길도 없다

거듭 말하지만, 자신에 대한 투자를 강력히 추천한다. 그것이야말로 최소한의 리스크로 최대한의 수익을 얻을 수 있는 길이기 때문이다. 학교에 다니거나 자격증을 따면 자신의 가치를 높일 수 있다. 본인 하기에 따라서는 승진이나 창업 등을 통해 수입을 크게 늘릴 수도 있다. 게다가 자신이 좋아하는 일을 배우는 행위는 인생의 큰 기쁨이기도 하다.

반면 금융 투자에는 늘 리스크가 따른다. 금융 투자를 할 때는 수익이 플러스가 될지 마이너스가 될지 미리 알 수가 없다. 개인이 통제할 수 없는 경제 환경 변화나 돌발 사건으로 투자한 자산의 가치가 훼손될 수 있다. 지식도 없이 투자를 시작하면 리스크는 폭발적으로 늘어나 버린다.

투자는 확실한 결과를 예측할 수가 없다. 그러므로 우선은 자신에게 투자하라고 권하고 싶다. 자신에 대한 투자 없이는 안정적인 돈의 길도 있을 수 없다.

그럼, 어떻게 해야 할까? 자신에게 투자하는 방법에는 여러 가지가 있지만, 대학이나 대학원에 진학하거나 대학이 운영하는 사회인 대상 수업을 듣는 방법도 좋다. 온라인으로 해외 강좌를 들을 수도 있다. 그중에서도 무크MOOCs, Massive Open Online Courses라는 프로그램을 추천한다. 하버드 대학, 스탠퍼드 대학 등 세계 각국 유명 대학이 무료로 볼 수 있는 온라인 강좌를 제공하고 있다. 해외 유학을 가지 않아도, 자금이 없어도, 시간만 확보할 수 있으면 고급 깅좌를 수상할 수 있다.

돈이 어렵기만 한 당신이 읽어야 할 책

비정기 수입은 미래의
자신에게 주는 선물이다

비정기 수입이 들어오면 어떻게 처리하는가? 물론 '반드시 이렇게 해야 한다!'라는 정답은 없다. 다만 자기 미래에 도움이 될 만한 방식으로 쓰면 좋을 것이다. 그럼 구체적으로 어떤 점에 조심하면 될까? 두 가지 사항이 있다.

첫 번째는 비정기 수입이 들어왔을 때, 대차대조표에 비정기 수입으로 나누어 기록하는 것이다. 나중에 알아보기 쉽게 표기해 두자.

두 번째는 비정기 수입의 활용법이다. 자기 나름의 규칙을 미리 정해 두는 것이 좋다. 비정기 수입이 들어오면 저축이나 투자로 돌린다든가, 자신에 대한 투자로 돌리기로 정해 두는 것도 좋다. 자기 몸과 마음이 기뻐하는 일에 쓰는 방법도 있다. 여러분 자신을 만족시켜 에너지의 양을 늘리는 것이 미래의 활력으로 이어지기 때문이다.

일시적인 수입은 늘 기대할 수 있는 것이 아니라는 점을 명심해야 한다. 회사에서 받은 보너스를 주택담보대출 상환에 쓰는 사람도 있지만, 별로 추천하지 않는다. 앞으로 수십 년 동안 계속해서 보너스가 나올 거라는 보장이 없기 때문이다. 무리 없는 상환 계획을 세우도록 하자.

회사에서 당신의
위치는 어디인가?

일본에는 일본식 고용이란 것이 있다. 노동자가 자신의 재량권을 회사 측에 넘기는 대신 정년까지 고용을 보장받는다는 형태를 말한다. 대기업을 중심으로 나타나는 이러한 고용 방식이 전체로 파급되자, 전근이나 이동이 없는 지방 중소기업에까지 종신 고용과 연공서열제가 번져 나갔다. 그래서 일본에서는 어딜 가나 오래 근무할수록 대우가 좋아지는 경향이 있다.

　일본식 고용의 영향이 강한 업계 중 하나로 금융업계를 꼽을 수 있다. 다음 페이지 그림에 일본 금융기관의 조직 이미지를 정리해 보았다.

종합직은 일단 신입을 뽑아 놓고 연수를 거친 후에 근무지와 직무를 배정하는 일본 특유의 고용 형태다. 일반적으로 급여가 높고 승진 확률이 높다. 종합직으로 채용되면 전근을 자주 다니고 다양한 부문, 직무를 경험하면서 커리어를 쌓게 된다. 그리고 경쟁에서 살아남은 소수는 최종적으로 임원에 올라 경영을 담당한다. 이렇게 해서 조직은 피라미드형을 이룬다.

1985년 일본에서 남녀고용기회균등법이 통과된 이후, 직장 내 성차별은 금지되었다. 하지만 직무 구분만 설정하면 대우가 달라도 성차별이 아니라고 해석했다. 다시 말해, 유감스럽게도 양성평등은 실현되지 않은 것이다.

여기서 피라미드형 조직이 보여 주는 현실을 살펴보자. 아래쪽 그림을 보면 지금까지와 다른 광경이 보일 것이다.

왼쪽에는 종합직 남성, 오른쪽에는 종합직 여성이 있다. 그 아래에는 주로 여성이 많이 담당하는 일반직이 있다. 그리고 가장 아래 비정규직은 싸고 편하게 부릴 수 있는 노동자들이다.

즉, 직장인이 계층화되고, 처우에 큰 격차를 둔다는 말이다. 직무 구분에 따라 처우는 크게 달라진다. 그러니 자신이 어디서 일할지를 잘 생각해서 결정해야 한다.

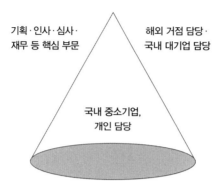

기획·인사·심사·
재무 등 핵심 부문

해외 거점 담당·
국내 대기업 담당

국내 중소기업,
개인 담당

정면에서 본 조직 이미지

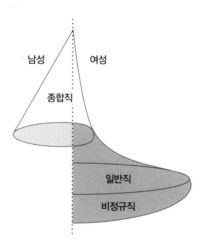

남성

여성

종합직

일반직

비정규직

옆에서 본 조직 이미지

가면 증후군에
빠진 것은 아닌가?

가면 증후군imposter syndrome이라는 말이 있다. 능력이 좋고 사회적으로도 성공했는데도 '이 성공은 가치가 없다. 운이 좋았을 뿐이다'라고 생각하는 현상이다.

1978년 심리학자 폴린 클랜스Pauline Clance와 수잔 임스Suzanne Imes가 이 증상을 보이는 사람들이 자신을 사기꾼imposter으로 느낀다고 해서 붙인 이름이다.

여러분 주위에도 뛰어난 능력을 발휘해 실적을 크게 올렸음에도 자신의 성공은 타인 덕이고, 행운이었을 뿐이라고 말하는 사람이 있을 것이다. 사실 사회적으로 성공한 사람에게서 많이 나타나는 현상이다. 겸손하기만 하면 좋지만, 가면 증후군에 빠져서 자신에 대한 믿음이나 자기 효능감이 낮아지면 삶이 힘들어진다.

가면 증후군에 걸리면 창업해서 훌륭한 상품과 서비스를 제공하면서도 가격을 낮게 제시하거나, 승진에 대한 귀띔을 받고도 '나에게는 역부족'이라며 미리 거절하기까지 한다.

그러니 자신이 스스로를 어떻게 평가하는지를 반드시 정기적으로 확인했으면 좋겠다. 친한 친구에게 본인의 인상을 물어봐도 좋을 것이다. 자기 자신을 정당하게 평가할 수 있어야 한다. 계속해서 저평가하다 보면 평생 손에 넣을 기회와 수입을 상당 부분 놓치게 된다. 스스로의 성취를 긍정하면서 살자.

만약 '나는 내 가치를 저평가하는 경향이 있다'라고 판단한다면 그것이 사회나 조직의 구조 탓인지 생각해 보라. 혼자 고민하거나, 자신만을 탓하거나, 자신의 가능성을 포기하면 안 된다. 사회에 구조적 문제가 있다는 사실을 알고 주위에 도움을 요청하는 것도 좋다.

승진을 목표로 삼고 있는가?

여성혐오라는 말을 들어본 적 있는가? 가부장제를 따르지 않는 여성을 억압하는 사고, 행동, 현상을 가리키는 말이다. 여성을 싫어하는 남자들에게서 나타나는 양상으로 오해할 수도 있는데, 여성혐오는 남성이 여성 모두를 싫어하는 현상이 아니다. 또 남성한테서만 나타나는 것도 아니다. 관심 있는 사람은 호주 출신 도덕철학자 케이트 맨Kate Manne의 저서《다운 걸: 여성혐오의 논리》를 읽어 보면 도움이 될 것이다.

여성혐오는 악의를 노골적으로 드러내는 것부터 언뜻 보면 좋은 의도로 보이는 것까지 그 양상이 다양하게 나타난다.

또 가부장제에 익숙한 삶을 사는 여성이 여성혐오의 관점에서 그렇지 않은 여성을 공격하기도 한다.

직장에서 계속해서 이런 취급을 받다 보면 여성은 일할 의욕을 잃게 되어 능력을 발휘하기 어려워진다. 자신이 근무하는 곳에는 차별이 없다고 생각하다가 예상치 못한 순간에 깨닫기도 한다. 그러니 늘 주의할 필요가 있다.

승진하면 연봉이 오른다는 사실은 모두가 알고 있을 것이다. 돈뿐 아니라 의사결정 권한도 커진다. 일하는 방식으로 직장인을 선택한 사람 중, 월급을 늘리고 싶은 사람은 반드시 승진을 목표로 삼아야 한다.

'여성은 관리직이나 리더가 되고 싶어 하지 않는다'라는 말이 있다. 일본 내각부가 실시한 '여성의 활약에 관한 여론 조사'(2014년도)에 흥미로운 데이터가 있다. 여성이 활약하는 데 있어 여성들이 꼽은 장애 요소는 '보육 등 가족의 지원이 부족', '상사와 고객이 여성 리더를 원하지 않는 것' 등이었다. 그런데 같은 문제에 있어서 남성이 꼽은 장애 요소는 '필요한 지식이나 경험을 갖춘 여성이 적은 것', '여성 자신이 리더가 되기를 원치 않는 것' 등이었다.

물론 모든 사람이 리더를 목표로 삼는 것은 아니다. 그래야 하는 것도 아니다. 하지만 취업 당시에는 남녀 모두 리더가 되고 싶다고 밝혔다가, 근무 연수가 쌓일수록 여성은 그 의욕이 떨어진다는 조사 결과도 있다.

주오＊＊대학교 대학원 전략 경영 연구과에서는 '가능한 한 빨리 관리직으로 승진하고 싶다'와 '나만의 페이스로 승진하고 싶다'라고 답한 사람을 합해 '승진 의욕이 있다'라고 보고, 이들을 남녀로 나누어 집계했다.

입사 시 '승진 의욕이 있다'라고 응답한 사람 중 남성은 46%, 여성은 38%였다. 그 후, 경력에 중요한 시기인 입사 후 5년 이상 10년 미만일 때 '승진 의욕이 있다'라고 답한 사람은 남성이 53%, 여성이 28%였다. 남성은 7% 증가했지만, 여성은 10% 감소했다는 것이다.

승진 의욕은 업무 내용뿐만이 아니라 상사나 동료, 고객과의 의사소통 등 여러 요인에 의해 변한다. 여성의 경우 가까이에 롤모델이 적거나, 여성 리더에게 여성스러움과 리더의 역할을 모두 요구하는 이중 구속의 문제를 이겨 내야 한다. 여성이 리더가 되려면 남성보다 극복해야 하는 장벽이 몇 배나 많다.

직장 생활 중 문제에 봉착했다고 하더라도 그것은 여러분 개인의 문제가 아닐 수도 있다. 여성 주위에 이러한 구조적 문제가 있다는 사실만 알고 있어도 분명 힘이 될 것이다.

본인 모습 그대로
살기 힘든 어려움

흡연실에서 자신만 모르는 정보가 공유되고, 남성들끼리만 나누는 업무 이야기가 있다는 사실을 눈치챈 적 없는가? 남성이 많은 기업, 조직에서는 올드 보이즈 네트워크라고 부르는 배타적인 인간관계가 형성되는 경향이 강하다. 여성들은 이러한 남성들만의 관계에 끼어들 수 없기에 올드 보이즈 네트워크를 통해 교환되는 비공식 정보나 암묵적인 양해를 얻기가 어렵다.

이러한 구조는 어느 조직에서나 일어나므로 바꾸기가 어렵다. 그래서 개인이 어떻게 그에 맞설지 생존전략을 찾는 사이에 여성들은 다양한 유형으로 반응하게 된다.

우선 '명예 남성'으로 불리는 사람들이 있다. 명예 남성은 여성이면서도 남성과 같은 가치관임을 강조하여 올드 보이즈 네트워크의 말석을 얻는 삶의 방식을 가리킨다. 다른 여성을 방해하는 언행을 함으로써 남성들의 애정을 사는 사람도 있다. 이러한 상황을 들어 '여성의 적은 여성'이라고 부르며 여성들을 갈라놓는 사람도 있다. 명예 남성이 된 여성을 책망하는 경향도 있다. 하지만 이는 개인의 문제가 아니라 조직의 구조로 일어나는 문제다.

이 외에도 조직에 녹아들기 위해 '엄마 같은 이미지', '무해한 이미지' 따위를 자처하는 사람도 있다. 이 모두가 '나는 남성의 적이 아니에요'라는 자세를 보임으로써 자기 자리를 확보하려는 생존전략이다.

사람은 자신이 약자의 처지에 놓였을 때, 주위 분위기를 읽기 위해 안테나를 높이 세우는 법이다. 흔히 '여자들은 눈치가 빠르다'고들 하는데, 모든 여자가 선천적으로 눈치가 빠른 것은 아니다. 약자의 처지에 놓이다 보니 신경 쓰지 않을 수 없는 경우가 많다. 강자, 다수인 사람, 특권이 있는 사람, '선택권'이 있는 사람은 원래 자기 모습 그대로 일상을 보낼 수 있다. 조직에서 생존하기 위해 어떤 캐릭터를 가질지 생각해 본

적이 없다는 사람은 자기 모습 그대로 살 수 있는 특권을 가지고 있어서인지도 모른다.

3단계

투자,
무리하지
않고
불리자

투자하는 사람에게만 보이는 세상이 있다

투자의 첫걸음은 자기다운 투자 스타일을 찾는 것이다. '자기 다움'이란 무엇일까? 투자하기 전에 자신이 투자할 수 있는 금액이 얼마인지 파악하고, 주식 가격이 떨어졌을 때 성격상 얼마나 감당할 수 있는지, 그리고 투자 후 모니터링에 시간을 얼마나 들일 수 있는지부터 알아야 한다. 무리해서 투자부터 했다가는 금방 귀찮아지거나, 뭐가 뭔지 모르게 되거나, 예상 치 못한 손해를 볼 수 있다.

돈이 어렵기만 한 당신이 읽어야 할 책

투자를 두려워하는 사람이 있다. 어떻게 보면 이해도 된다. 다만 필요 이상으로 두려워할 이유는 없다. 투자는 자동차 운전과 다를 바가 없다. 본격적으로 핸들을 잡기 전에 면허부터 따는 것처럼, 올바른 지식을 쌓고 훈련을 해 놓으면 틀림없이 내 계좌가 삶에서 든든한 아군이 될 것이다. 우선은 자신에게 무리가 되지 않도록, 사고 없이 운전할 수 있는 환경을 조성해 두는 것이 정답이다.

이제 드디어 투자를 통해 자산을 불리는 방법을 설명한다. 우선 우리가 투자를 하면 무엇을 얻을 수 있는지를 살펴보자. 투자를 하면 돈만 불어나는 것이 아니다.

① **자산을 늘릴 기회**

② **세상을 알 기회**

③ **경영자의 관점을 이해할 기회**

투자를 위해 갖춰야 할 첫 번째 요소는 무엇일까? 정답은 경제와 금융, 경영에 관한 지식이다. 자신이 투자한 돈의 흐름을 따라가면 상품과 서비스의 교환이 보인다. 그와 동시에 그 배경에 있는 사람들의 기호와 생활상, 기업과 단체, 정치와 사회의 움직임 등도 훤하게 꿰뚫어 볼 수 있다.

돈이 굴러가는 방식과 투자에 관해 배우면 세상을 알 기회를 얻는다. 이러한 지식은 다양한 분야에서 활용된다. 커리어를 쌓는 데도 직접적으로 도움이 된다. 마케팅이나 전략 수립에도 효과적이다.

경영자의 시각도 몸에 배게 된다. 내 투자 강좌를 들은 수강생 중 한 명은 수강 후에 회사를 만들어 비즈니스에 뛰어들었다. 관리직으로 승진하거나 사외이사가 되어 경영 지식을 활용하는 사람도 많다.

투자 스타일은 대략 두 가지

투자는 자동차 운전과 같다고 했다. 다시 한번 이 비유를 떠올려 보자. 운전면허를 취득하려면 따려는 면허가 오토인지 수동인지부터 선택해야 한다. 오토 차량은 액셀을 밟으면 자동으로 변속을 해 주는 데다 면허를 따는 데 드는 비용이 저렴하고 단기간에 취득할 수 있어 인기가 있다. 한편, 수동 차량은 운전자가 직접 클러치 페달을 밟으면서 시프트 레버를 조작해 기어를 바꾼다. 익숙해질 때까지는 번거로울 수 있으나,

차를 좋아하고 운전을 즐기는 사람은 자동차와 제 몸이 하나가 되는 기쁨을 누릴 수 있다.

투자도 크게 두 가지 방법으로 나눌 수 있다. 하나는 펀드 같은 투자신탁을 사들이고 세세한 운용은 전문가에게 맡기는 방법이다. 운전으로 치면 오토 면허에 해당한다. 마음에 드는 펀드를 골라 매수하면 나머지는 그 펀드 매니저가 진행한다. 여러분 대신 주식, 채권 등의 투자상품을 사고팔아 준다. 이는 투자가 처음인 사람에게 추천하는 방법이다. 펀드에 관한 자세한 내용은 나중에 설명한다.

또 하나는 전문가를 거치지 않고 직접 매매하는 방식이다. 이 방법으로 투자할 때는 직접 기업을 분석하고 투자에 관한 판단을 내려야 한다. 또 제 손으로 투자상품을 관리하기 위해 지식을 쌓고 미리 연습하는 것이 필수다.

수동 차량과 같다고 보면 된다. 처음에는 귀찮거나 두려울 수도 있지만, 익숙해지면 괜찮다. 계속 배워 나가고 직접 운용할 수 있게 되면 어느새 재미를 느낀다. 실제로 세상의 흐름과 경제 구조가 보인다며 흥미로워하는 사람도 많다. 그것이 바로 투자의 묘미다.

투자할 상품의 리스크부터 파악하라

투자에는 리스크와 수익이라는 측면이 있다. 리스크란 불확실성을 말한다. 벌든 벌지 못하든 앞을 확실히 알 수 없는 것을 리스크라고 부른다.

한편 수익은 내가 얻을 수 있는 것이다. 예를 들어, 1,000만원을 투자해서 1년 후에 1,050만 원이 되었다고 치자. (1050 −1000)÷1000＝5%이므로, 수익은 50만 원, 수익률은 5%다.

수익은 이익이 났을 때뿐 아니라 손실이 났을 때도 사용된다. 똑같이 1,000만 원을 투자했고 1년 후에 950만 원이 되었다 가정하자. (950-1000)÷1000=-5%이므로 수익은 마이너스 50만 원, 수익률은 마이너스 5%다.

리스크와 수익의 특성은 상품에 따라 다르다. 채권보다 주식 쪽이 하이 리스크, 하이 리턴인 경향이 있다. 또 어디에 투자하는지에 있어서 환율이나 수수료에 따른 차이도 있다.

여러분은 투자에 앞서 '이 상품은 리스크가 얼마나 되고, 수익은 얼마나 될까?'를 먼저 따져야 한다. 또 그런 점들을 정확하게 파악하고 능숙하게 선택, 조합하는 능력을 기본적으로 키워야 한다.

다음은 이를 설명하는 그림이다. 로우 리스크 상품은 로

우 수익, 하이 리스크 상품은 하이 리턴인 경향이 있다는 점이
공통점이다.

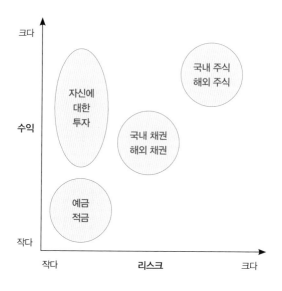

각 투자 분야의 리스크와 수익

투자 방향을 정하는 세 가지 요소

투자 지식과 경험, 투자에 쏠 수 있는 시간과 에너지는 사람마다 다르다. 앞에서 설명했다시피, 돈을 버는 방법이 투자만 있는 것은 아니다. '저축'과 '일하기'를 조합하면서 여러분에게 가장 잘 맞는 방법을 찾는 것이 중요하다.

자, 그럼 그 구체적인 방법을 알아 보자. 가장 먼저 자신이 리스크를 얼마나 감당할 수 있는지를 나타내는 '리스크 허용도'를 알아야 한다. 여러분의 리스크 허용도는 어느 정도일까? 우선 '지식·경험'과 '시간·에너지'를 두 축으로 잡았을 때의 투자 스타일에 대해 간단히 그림으로 표현했다. 여러분은 어디에 속하는지 살펴보자.

초보자는 왼쪽 위 ①이 많을 것이다. ISA 계좌에서 ETF나 펀드, 국채부터 구매하는 것을 시도해 보자. 좀 더 투자 대상을 넓혀도 되겠다고 판단되면 ②와 같이 일반계좌에서 자신이 원하는 시점에 ETF를 매매하는 것도 시도해 볼 만하다. 펀드와 ETF에 관해서는 나중에 자세히 설명한다.

또 개별 기업의 경영이나 재무를 분석할 수 있게 되면 ③이나 ④에 있는 회사채나 주식에 투자해도 좋겠다. 회사채는 개별 기업이 발행하는 채권을 말한다.

돈이 어렵기만 한 당신이 읽어야 할 책

지식과 경험이 적다

ISA 계좌에서
ETF, 펀드,
국채 구입

ETF, 펀드

1 | 2

시간과
에너지가 적다

시간과
에너지가 많다

3 | 4

ETF, 회사채

ETF, 회사채,
주식

지식과 경험이 많다

당신에게는 어떤 투자 스타일이 맞을까?

투자는 처음 매수할 때뿐만 아니라 그 이후 작업도 중요하다. 애써 매수했는데, 모니터링이 되지 않아 손해를 보는 일은 없어야 한다. 투자에 걸리는 '시간과 에너지', 자신의 '지식과 경험'과 함께 리스크 허용도 중요하다. 이것들을 종합적으로 생각하면서 '이 정도면 할 수 있겠다!'라고 판단되는 방법을 찾아보자.

투자는 안 하면서 로또는 산다?

구체적인 투자 방법을 말하기 전에 애초에 투자가 어떤 것인지에 관해 확실히 짚어 두려 한다. 여러분은 투자에 대해 어떤 이미지를 가지고 있는가? 긍정적인 이미지를 가진 사람도 있겠지만, 부정적인 이미지를 가진 사람도 있을 것이다.

우습게도 투자는 두렵다고 멀리하면서 복권을 사는 사람이 의외로 많다. 복권은 손쉽게 살 수 있지만, 복권 판매 총액에 대한 당첨금 합계액의 비율이 45% 정도밖에 되지 않는다. 복권 10만 원어치를 구매해도 소비자는 4만 5천 원밖에 회수할 수 없다는 뜻이다. 매출의 절반 이상이 공공사업에 이용되거나 광고 비용 및 인쇄비 등으로 쓰이기 때문인데, 다른 사행성 산업이나 도박과 비교해도 애초에 복권 구매자에게 돌아갈 돈이 적은 것이다. 일등에 당첨되면 단번에 수억 원을 손에 넣겠지만, 당첨 확률이 극히 낮은 승부다. 개인이 아무리 연구한들 당첨 확률을 올릴 수가 없다.

그 반면에, 금융상품에 대한 투자는 결코 운에 맡기지 않는다. 올바른 지식과 적절한 관리 방법을 알면 리스크를 줄일 수 있다. 배우면서 세상도 알게 된다. 투자는 도박과 달리 자금 상황과 지적 호기심을 모두 충족시킬 수 있는 길이다.

돈이 어렵기만 한 당신이 읽어야 할 책

그렇다고 아무 노력 없이 확실하게 벌 만큼 쉽지는 않다. 개인적으로 과거에 펀드 매니저로 일했다고 밝히면 상대가 '투자 좀 쉽게 하는 방법을 알려 달라'라고 요청할 때가 있다. 하지만 유감스럽게도 그런 방법은 없다. 전문 투자가는 매일 긴 시간 많은 에너지를 들여 시장과 투자처를 분석한다. 그래도 확실하게, 계속해서 돈을 벌기는 어렵다.

여러 번 반복하지만, 투자하려면 배워야 한다. 자신이 직접 금융상품을 이해하고 운용할 때는 물론이고, 누군가에게 자산 관리를 맡길 때도 온전히 일임하지 말고 최종 판단은 스스로 내려야 한다.

또 모르는 분야에 투자하는 행위도 도박임을 알아야 한다. 가령, 신흥국에 투자하는 펀드를 산다고 해 보자. 그때 해당 국가의 경제와 법 제도 등에 지식이 없는 상태로 사 버린다면 그것은 도박이나 마찬가지다.

특히 '편하게 벌 수 있다', '남들은 모른다'라는 이야기에는 숨은 이면이 있을 확률이 크다. 사기일 가능성이 크다. 내부자 정보라면 구속될 수도 있다. 세상에서 오직 혼자만 이득을 보기는 어렵다. '솔깃한 이야기'에는 모쪼록 주의하기를 바란다.

꼭 지켜야 할 투자의 10대 원칙

투자의 세계는 참으로 넓다. 주식, 채권 등 종류도 많고 지역과 통화도 다양하다. 상품 구조도 단순한 것부터 복잡한 것까지 한마디로 정의하기 어려울 정도다. 따라서 각 상품의 특성에 따른 리스크도 다르다.

투자를 시작하기 전에 확인해야 하는 핵심 사항을 '투자의 10대 원칙'으로 정리해 보았다.

① 여유 자금으로 시작한다. 생활비에는 손대지 않는다.

② 신뢰할 수 있는 정보원을 확보한다.

③ 이해될 때까지 확인한다. 이해되지 않는 상품은 건드리지 않는다.

④ 투자에 관한 무의식적 편견에 주의한다.

⑤ 수수료와 관리 비용 등을 확인한다.

⑥ 스스로 판단한다.

⑦ 리스크가 작은 것부터 시작한다.

⑧ 소액부터 시작한다.

⑨ 집중 투자를 피하고 리스크 분산한다.

⑩ 일희일비하지 않고 중장기적으로 접근한다.

돈이 어렵기만 한 당신이 읽어야 할 책

우선은 이 열 가지다. 투자를 시작하고 싶다면 리스크가 낮은 상품부터 소액씩 시도해 보면 좋겠다. 투자가 처음인 사람은 우선 채권을 매수해 볼 수도 있다. 채권을 산다는 것은 국가나 회사에 돈을 빌려주는 것과 같다.

회사의 부도나 파산, 그에 준하는 치명적인 재정 위기가 발생하지 않는 한 만기일까지 해당 채권을 보유했다면 회사 사정과 관계없이 정해진 이자와 원금을 전액 받을 수 있다. 만기까지 보유만 하면 원금이 깨지는 일은 없으니, 리스크가 적다. 도중에 매도해 환금할 수도 있다.

다만 무조건 원금이 보장되는 예·적금과는 다르다. 예금은 일정 금액까지 보호되지만, 채권에는 예·적금 같은 보호 제도가 없다. 따라서 일반적으로는 예·적금보다 조금 높게 금리가 설정된다.

개인이 투자할 수 있는 채권은 은행이나 증권사에서 살 수 있다. 간편하게 시작하고 싶은 사람은 이미 계좌가 있는 은행이나 증권사 앱에서 채권 구매 서비스를 살펴보길 바란다. 상품의 특성이나 이자율, 보유 기간 등이 친절하게 적혀 있을 것이다. 계좌가 없는 사람이라면 앞으로 펀드나 주식, 채권 등을 매수할 것을 생각해 이번 기회에 증권사에 계좌를 개설해 봐도 좋을 것이다.

개인이 투자할 수 있는 채권은 만기가 1개월, 2개월, 3개월짜리부터 3년물, 5년물, 10년물, 20년물 등 기간과 이자율이 다양하다. 금리는 고정과 변동이 있다. 일반적으로 만기 기간이 길수록 금리도 높아지니 선호하는 유형을 고르면 된다.

채권의 주요 리스크는 국가나 회사가 도산해서 변제(상환)가 중단되는 것이다. 회사와 국가가 망하지 않는 한, 원금은 보장된다는 말이다. 따라서 투자를 시작해 보고 싶고, 예·적금보다 조금이라도 높은 금리를 원하며, 다른 투자보다 리스크가 현저히 낮은 방법을 선택하고 싶은 사람에게 알맞다.

리스크를 감수하겠다면 일단은 펀드

다음 단계에서 검토할 만한 상품은 펀드다. 나중에 자세히 설명하겠지만, 투자가 처음이지만 그래도 어느 정도 수익률을 원하는 사람은 지수 추종 ETF를 ISA 계좌에서 적립식으로 모아 나갈 것을 추천한다.

펀드는 여러 투자자에게서 모은 돈을 하나의 큰 자금으로 묶어 투자 전문가가 대신 운용하는 상품을 말한다. 그리고 그

성과가 투자자에게 배분되는 형태다. 이러한 구조 덕에, 혼자서는 살 수 없는 상품을 소액부터 살 수 있고, 전문가에게 운용·관리를 맡기니 초보자도 시장 상황에 대처하기가 쉽다.

펀드에는 인덱스형, 액티브형, 혼합형이 있다. 그중 우리가 주의 깊게 살펴볼 것은 인덱스형 펀드다. 인덱스형 펀드는 특정 지수를 추종하도록 설계된다. 추종하는 지수로는 대표적으로 미국의 S&P500(스탠더드 앤드 푸어스500)가 있다. '선택한 시장 전체'에 투자하여 시장 수익률만큼 수익을 얻는 게 목표인 방식이라고 보면 된다.

예를 들어, S&P500은 미국 증시의 대표 주가지수다. 미국 증권거래소 상장 기업 중 시가총액의 80%를 차지하고 있는 약 500곳의 대기업을 선택해 평균주가를 산출한 것이다. 우리가 익히 알고 있는 마이크로소프트, 애플, 맥도날드 등 미국 대표 기업의 평균적인 주가를 나타낸다고 할 수 있다.

여러분이 '미국 주식을 사면 돈을 벌 수 있을 것 같다'라고 판단한다면 미국 증시 주가지수에 연동하는 펀드를 매수하면 된다.

다우지수(다우존스30 산업평균지수)도 있다. 대표적인 글로벌 지수는 다음 표와 같다.

다우지수 (다우존스30 산업평균지수)	뉴욕증권거래소와 나스닥에 상장된 미국의 30개 대표 종목으로 구성한 주가지수.
S&P500 (스탠더드 앤드 푸어스500)	뉴욕증시와 나스닥 등에 상장된 미국의 500개 대표 종목으로 구성한 지수. 1941년부터 1943년까지의 평균 지수를 10으로 잡고 산출한다.
닛케이225 (닛케이 평균주가)	도쿄 증권거래소 프라임 시장(2022년 4월 1일까지는 제1부)에 상장된 주식 중, 거래가 활발하고 유동성이 높은 225개 종목으로 구성한 평균 주가지수. 일본의 주요 대기업 상황을 알기 좋다.
TOPIX (도쿄증시 주가지수)	도쿄 증권거래소 프라임 시장에 상장된 종목을 기본으로 구성한 지수. 1968년 1월 4일의 시가 총액을 100으로 잡고 산출한다.
MSCI 월드 인덱스	세계 선진국의 주식을 대상으로 한 주가지수. 신흥국은 제외. 미국의 모건스탠리가 산출한다.

글로벌 마켓에는 이런 대표 지수가 있다!

다음은 미국의 30개 대표 기업 종목으로 구성한 다우지수의 1989년 이후 추이다. 리먼 쇼크나 코로나 등으로 일시적으로 떨어진 시기는 있었지만, 전체적으로는 상승세를 보인다는 사실을 알 수 있다. 만약 다우지수에 연동하는 인덱스형 펀드에 장기 투자했다면 상당한 운용 성과를 거뒀을 것임을 일목요연하게 볼 수 있다.

돈이 어렵기만 한 당신이 읽어야 할 책

이처럼 장기간 인덱스형 펀드를 보유하면 한번 하락했다고 해도 전체적으로는 이익이 난다는 것을 알 수 있다. 인덱스형 펀드는 운용 비용이 낮고 소액 투자도 가능하다. 개별 주식처럼 직접 기업의 경영이나 재무를 분석할 필요도 없다.

'펀드 중에서도 더 리스크가 낮은 게 좋다', '주식과 조합해서 리스크를 분산할 수 있는 상품이 좋다'라고 생각한다면 채권을 투자 대상으로 삼는 인덱스형 펀드를 권한다. 채권은 금리가 상승하면 가격이 하락하기 쉽지만, 그래도 주식보다는 리스크가 낮기 때문이다.

출처 : 《돈, 그 이전》의 데이터를 토대로 저자 작성

다우지수의 과거 30년 추이

펀드에는 상장된 유형인 ETF Exchange Traded Fund와 상장되지 않은 유형이 있다. 일반적으로 펀드라고 하면 상장되지 않은 유형을 가리키는 경우가 많다.

ETF와 다른 펀드의 차이는 가격 책정 방식에 있다. ETF는 펀드이지만 마치 주식처럼 증권거래소에 상장되어 있으므로 실시간으로 가격이 변동하고 거래할 수 있다. 비상장 펀드는 매수 신청 후 하루 한 번 정해진 기준가에 매매하게 된다.

ETF든 비상장 펀드든, 본인이 투자에 익숙하지 않다면 시장 전체 지수를 추종하는 인덱스형을 고르도록 하자. 특히 ETF는 자신이 적절하다고 판단한 시점에 사는 재미가 있으므로, 도전해 보면 투자의 재미도 느낄 수 있을 것이다.

펀드의 다른 종류 중 하나인 액티브형 펀드는, 펀드 매니저가 시장의 평균치보다 높은 수익을 목표로 운용하는 스타일을 말한다. 자체 조사와 운용이 이루어지기 때문에 인덱스형보다 수수료가 높은 경향이 있다.

혼합형은 여러 자산군을 묶어서 운용하기 때문에 하나의 상품으로 분산 투자를 할 수 있다는 장점이 있다. 다만 운용 성과를 알기 어렵거나 수수료가 높아질 수 있다. 모처럼 운용 성적이 잘 나와도 수수료가 높으면 수중에 남는 수익은 줄어든다. 그래서 수수료나 세금 등의 비용은 매번 확인해야 한다.

ETF	한국 증권거래소 등의 거래소에 상장된 펀드. Exchange Traded Fund의 약자. 거래소를 통해 거래되므로 주식과 마찬가지로 시장이 열려 있는 동안에는 실시간으로 거래할 수 있다. 배당금을 자동으로 재투자하거나 환율 리스크를 줄이는 상품도 있다.
인덱스형	S&P500 등 지수의 움직임에 연동하는 운용 성과를 목표로 하는 펀드. 인덱스형은 시장의 움직임과 연동하기에 가격 동향을 알기 쉽다.
액티브형	지수보다 높은 운용 성과를 목표로 하는 펀드. 펀드 매니저가 다양한 조사나 분석을 통해 독자적으로 운용하므로 인덱스형보다 수수료가 높은 경향이 있다.
혼합형	국내외 주식, 채권 등 복수의 투자 대상을 묶어서 운용하는 펀드. 한 상품으로 분산 투자를 할 수 있다.

펀드의 종류

투자의 10대 원칙 ⑤를 떠올리자.

여러모로 일단은 인덱스형 펀드에 투자하는 것을 추천한다.

투자는 '분산'이 기본이다

투자라고 하면 주식을 떠올리는 사람이 많다. 주식을 매수하는 것은 그 기업에 출자해 소유주 중 한 사람이 된다는 의미다. 주식 투자는 해당 기업의 성장을 응원하면서 주가 상승을 기대하는 재미가 있지만, 일정한 목돈이 필요한 데다 투자한 기업에 만일의 사태가 발생하면 큰 손해를 입을 리스크가 있다.

반면 펀드를 통해 주식에 투자하면 전문 운용 담당자가 여러분이 맡긴 자금을 여러 기업 주식에 분산해서 투자해 준다. 펀드 상품을 하나만 사도 여러 기업 주식을 조금씩 산 것과 같은 효과를 얻을 수 있는 것이다.

가령 여러분이 투자할 수 있는 여유 자금 1,000만 원을 가지고 있었다고 치자. A사의 주식을 1,000만 원어치 살 때와 100개의 주식을 보유한 펀드에 1,000만 원을 투자할 때를 비교하면 각각의 리스크는 어떻게 될까? 쉽게 설명하기 위해 펀드사에서는 A사를 포함한 100개 기업의 주식을 동일한 금액씩 보유하고 있다고 가정한다. 즉, A사 주식의 비율은 1%뿐이다.

답은 간단하다. ETF와 펀드로 투자했다면 A사의 실적이 나빠지거나 도산하더라도 그 영향은 단 1%다. 반면 A사 주식

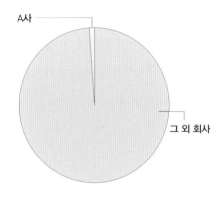

A사

그 외 회사

펀드와 ETF는 리스크를 분산할 수 있다

을 1,000만 원어치 샀다면 영향을 100% 받는다. 이처럼 펀드는 분산 투자 효과가 커서 리스크를 회피하기가 좋다.

펀드 운용 대상에는 주식 외에 채권이나 부동산도 있다. 채권을 산다는 것은 채권을 발행한 상대에게 돈을 빌려주는 것과 같다. 국채라면 그 상대가 국가이고 회사채라면 상대가 회사다.

일반적으로 국채나 회사채는 주식보다 리스크가 낮고, 안정적인 운용을 목표로 하는 사람에게 추천하는데, 한 가지 주의점이 있다. 한국이 발행하는 개인용 국채와 회사채의 경우, 만기까지 보유하면 원금이 보증된다고 설명했지만, 중도 매도를 한다면 이야기가 달라진다. 금리가 오르면 채권의 가격이 떨어지므로 도중에 매도하면 원금 손실이 날 수도 있다. 즉, 채권을 편입한 펀드는 금리가 상승할 때 기준가가 떨어질 수 있으므로 주의가 필요하다.

자신이 리스크를 얼마나 감당할 수 있는지 확인해야 한다. 본인의 리스크 허용도가 낮다면 우선은 채권부터 시작해 인덱스형 펀드와 ETF로 서서히 투자 대상과 금액을 늘리는 방식으로 지식과 경험을 쌓자.

분산 투자로 리스크를 억제하라는 이야기를 했는데, 전혀 지식이 없는 상태라면 예상치 못한 리스크를 떠안을 가능성이 있다. 확실하게 확인하면서 자신이 이해할 수 있는 상품을 매수하는 것이 중요하다.

인터넷상에는 '무조건 S&P500에 연동한 펀드를 사면 된다'라든가, '특정 펀드에 적립식 투자만 했는데 파이어에 성공했다!'라는 등의 정보가 넘쳐난다. 펀드는 개별 기업의 주식에 투자할 때보다는 리스크를 분산할 수 있지만 그럼에도 한계는 있다. 예를 들어 투자 금액 전액으로 S&P500에 연동한 펀드만 샀다면 미국에 무슨 일이 생겼을 때 부정적인 영향을 피할 수 없다.

그런 의미에서 한 기업, 한 업계, 일부 지역에 집중적으로 투자하는 방식은 최대한 피하는 것이 좋다. 특히 투자 대상을 분석하고 모니터링할 시간이 없는 사람일수록 더 세밀하고 세심하게 분산해야 한다.

투자는 1년 생활비를 제외한 돈으로 한다

'자산 포트폴리오'라는 것이 있다. 자신이 보유한 예·적금이나 투자 대상 등의 자산을 모두 정리한 것이다. 자산 포트폴리오를 만들면 자신이 어디에 투자할지 결정할 수 있고, 이후 모니터링도 쉽게 할 수 있다.

포트폴리오에 관해 대략적인 흐름과 개념을 설명한다. 먼저 포트폴리오를 짜기 전 준비 작업이 있다. 자신이 투자에 쓸 수 있는 금액을 확인해야 한다. 투자 자금은 1년분 생활 자금을 뺀 뒤 남는 금액이다. 이것을 여유 자금이라고 부른다.

일시적으로 수입이 끊겼을 때, 다음 수입을 얻을 때까지 어느 정도 금액이 필요한지를 떠올리면 쉽게 파악할 수 있다. 본인이 생활하는 데 필요하다고 생각하는 금액을 설정하자. 단, 처음에는 정말 필요한 생활비 액수를 잘못 계산할 수도 있으므로 갑자기 여유 자금 전부를 투자로 돌리지 말고 조금씩만 시도하자.

그리고 자신이 어느 정도 손해면 감내할 수 있는지 리스크 허용도와 포트폴리오 유지 보수에 걸리는 시간을 따져 보자. 이렇게 하면 자신이 어떤 투자에 적합한지 알 수 있다. 특별히 바라는 바가 없을 때는 국내 자산과 해외 자산을 반반씩 구매하고, 상황을 보면서 조정하는 방법도 있다.

내 투자 강좌에서는 직접 자산 포트폴리오를 만들고 시뮬레이션하는 과제가 있다. 이를테면 '국내 지수에 연동한 펀드', 'S&P500에 연동한 펀드', '유가에 연동한 펀드' 등에 조금씩 투자했다 치고, 그 가격을 매일 확인하는 것이다. 이렇게 하면 가격이 어느 정도 변동하는지, 시장이 어떻게 움직이는지, 자신이 얼마나 벌게 될지 알 수 있는 동시에, 가격이 떨어졌을 때 자기 마음이 어디까지 견딜 수 있는지를 파악할 수 있다.

이렇게 지속해서 모니터하면서 시장의 동향과 자신의 리스크 허용도를 체감하다 보면 최적의 포트폴리오가 만들어진다. 꼭 시도해 보길 바란다.

돈이 어렵기만 한 당신이 읽어야 할 책

실제 투자를 경험해 보자

자, 이제 실제 투자를 경험해 보자. 우선 전체 흐름을 설명한다. 투자는 다섯 단계로 나뉜다.

1단계 투자 준비하기

2단계 매수하기

3단계 자산 포트폴리오 정리하기

4단계 자신의 리스크 허용도와 투자 스타일 파악하기

5단계 자산 포트폴리오 업데이트하기

앞으로 투자가 망설여질 때는 이 다섯 단계부터 떠올리자. 그러면 자신의 현재 위치를 파악할 수 있다. 이 다섯 단계만 제대로 따르면 실패하기가 더 어렵다.

1단계, 투자 준비하기

투자를 시작하려면 밑천이 필요하다. 밑천은 여유 자금으로 마련해야 한다는 점을 잊지 말자. 투자의 10대 원칙 ①이다. 철저히 지켜야 한다.

먼저, 현재 생활을 유지하는 데 필요한 돈인 생활 자금을 산출하자. 생활 자금은 가계부를 보면서 매일 생활하는 데 드는 돈에 보험료, 자동차 유지비나 주택 마련 비용 등 어느 정도 지출이 정해져 있는 금액을 더하면 된다. 질병이나 부상, 실업 등 만일의 경우까지 생각해서 수입 없이도 1년 정도 생활할 수 있는 돈을 계산해야 한다.

이 생활 자금을 떼어 내고 남은 돈이 여유 자금이다. 투자는 이 돈으로 시작한다. 예·적금까지 포함해 여유 자금 전체를 균형 있게 관리하자. 매력적인 투자상품이 있더라도 절대 생활 자금을 투자로 돌려서는 안 된다.

실제로 투자를 시작하려면 우선 계좌가 필요하다. 계좌는 여러분의 돈이 어떻게 움직였는지 기록하고 관리하기 위해서라도 필수적인 시스템이다. 일반적으로 은행이라면 은행 계좌를, 증권사라면 증권 계좌를 만들면 된다.

그럼, 어떤 금융기관에 계좌를 개설해야 할까? 다양한 금융기관이 있기에 어디가 좋을지 망설여질 것이다. 고민이 된다면 상품 종류가 많고 수수료가 저렴한 대형 증권사로 정하면 된다. 담당자에게 정보를 듣고 싶고 세세한 절차에 대해 친절하게 설명해 주기를 원하는 사람은 영업점이 있는 대형 증권사가 좋을 것이다.

일단 여러 금융기관에 계좌를 개설하고, 제공되는 정보나 앱 사용 편의성을 확인해 본 다음 결정해도 된다. 계좌 개설은 무료이며, 불필요하다고 생각되면 없애면 된다.

다만, 이런 과정이 번거롭기는 하다. 게다가 뒤에 설명할 ISA는 계좌를 하나만 만들 수 있다. 일반 계좌는 여러 개 만들 수 있지만, 세제 혜택을 받을 수 있는 ISA 계좌는 모든 금융기관을 통틀어 하나밖에 보유할 수 없다는 규정이 있다. ISA 계좌에서 투자하는 방법에 대해서는 뒤에서 설명한다.

2단계, 매수하기

처음 매수할 때는 리스크가 낮은 것부터 시작한다. 투자 원칙 ⑦이다. 그리고 소액부터 시도한다. 투자 원칙 ⑧이다.

리스크가 낮은 투자상품부터 살펴보자. '나는 예금보다 조금만 더 이익이 나면 돼'라고 생각하는 사람은 리스크가 낮은 단기 채권 투자부터 시작하면 좋겠다. 그렇게 하다가 지수를 추종하는 인덱스형 펀드에 관심을 가지면 된다.

개별 기업의 주식이나 회사채는 기업의 경영과 재무를 분석할 수 있을 때 시도해야 한다. 그러려면 관련 지식과 투자 감각을 별도로 갖춰야 한다. 우선 펀드를 통한 운용부터 시작하고, 어느 정도 익숙해진 뒤에 개별 기업의 분석을 배울 기회를 가지는 것이 좋겠다.

3단계, 자산 포트폴리오 정리하기

투자처가 둘 이상이 되면 전체를 대략적으로라도 파악하고 있어야 한다. 투자는 집중 투자를 피하고 리스크를 분산하는 것이 중요하다. 투자 원칙 ⑨다. 따라서 전체를 정리해서 한눈에 볼 수 있는 자산 포트폴리오를 만드는 것이 좋다.

엑셀 등을 사용해 보유한 금융자산을 기록할 것을 추천한다. 정리할 내용은 다음과 같다.

① **언제 어디에 얼마를 투자했는지에 대한 매수 정보**
② **현재 가격이 얼마인지 알기 위한 시장 평가액**

②는 업데이트를 해야 한다. 주기는 투자상품의 리스크 정도에 따라 달라진다. 인덱스형의 단순한 펀드만 매수한 사람은 1년에 한 번도 상관없다. 자산군을 많이 분산하지 않은 사람은 리스크 정도에 따라 수주에서 수개월 단위로 재검토하면 된다.

개별 회사의 주식을 매수한 사람은 매일 확인하는 자세가 좋다. 처음에는 매일 업데이트하고, 익숙해지면 서서히 간격을 벌려도 된다.

돈이 어렵기만 한 당신이 읽어야 할 책

③ **자산의 종류별 구성비**(주식, 채권, 부동산 등)

④ **지역별 구성비**(국내, 미국, 유럽, 신흥국 등)

⑤ **통화별 구성비**(원화, 달러, 엔화, 유로 등)

추가로 이런 내용을 표나 원그래프 형태로 정리해 두면 매우 편리하다.

4단계, 자신의 리스크 허용도와 투자 스타일 파악하기

투자에 뛰어들고 나면 머지않아 매일의 가격 동향과 자산 포트폴리오 추이가 보이기 시작할 것이다. 반복해서 강조하지만, 그러한 가격 변화를 자신이 얼마나 감당할 수 있는지 살펴야 한다.

특히 가격이 하락했을 때의 반응은 사람마다 다르다. 시장 가격의 움직임이 신경 쓰여 직장에서 일이 손에 잡히지 않는 상황은 좋지 않은 신호다. 일상생활에 지장이 가지 않아야 한다. 이를 기준으로 리스크를 줄여야 한다.

리스크를 충분히 줄였다고 생각했는데도 리먼 쇼크나 코로나 때처럼 시장 전체가 주저앉을 때가 있다. 물론 그럴 때도 역사적으로 보면 다시 상승 국면으로 돌아서는 것은 분명하다. 장기적으로 보면 이익이 날 때도 많다.

너도나도 투자에 뛰어드는 시기에는 전문가조차도 침착함을 잃을 때가 있다. 그렇기에 초조함을 억누르고 다음 기회를 기다리기 위해 '쉬는 것도 투자'라는 격언이 있다. 투자는 장기적으로 접근해야 한다. 그러려면 일희일비하지 않고, 자기 성향에 맞게 중장기적으로 유지할 수 있는 포트폴리오가 완성될 때까지 계속 수정해야 한다. 투자 원칙 ⑩이다.

또 하나 고려할 점은 '자신이 쓸 수 있는 시간'이다. 투자 상품을 검토하고 모니터링하는 데 쓸 수 있는 시간과 에너지도 따져 봐야 한다. 여러분은 정보 수집과 분석, 포트폴리오의 관리와 조정에 얼마나 많은 시간과 에너지를 쏠 수 있는가? 투자가 직업인 증권 트레이더와는 달리, 사람들은 대부분 일주일에 한 번, 또는 한 달에 한 번 정도밖에 시간을 낼 수 없다.

만약 3개월에 한 번밖에 확인할 수 없는데 가격변동이 큰 상품을 매수했다면 파악하지 못한 상태로 매도 시기를 놓쳐 큰 손해를 볼 수도 있다. 그러니 자기 생활에 맞는 투자 스타일을 확립해야 한다.

5단계, 자산 포트폴리오 업데이트하기

처음에는 신중하게 접근했어도 익숙해지면 대충하기 마련이다. 금융상품을 처음 매수할 때는 온갖 조사를 하지만, 나중에는 방치해 버리는 사람도 부지기수다.

시장 가격이 곤두박질쳐도 못 본 척하거나, 매수한 사실조차 잊고 지내거나, 도산이나 상장 폐지가 되고서야 그 회사주식을 보유하고 있던 것을 깨달았다는 사람도 있다. 이런 사람이 의외로 흔하다. 그런데 생각해 보자. 편의점에서 백 원, 천 원을 아끼려고 노력하는 사람이 수백만, 수천만 원을 방치한다는 게 얼마나 아까운 일인가 말이다.

자, 그러면 도대체 어떻게 하면 좋을까? 대답은 3단계에서 구성한 자산 포트폴리오를 정기적으로 점검하는 것이다. 이는 적립식 투자든 순차적으로 매수하는 방식이든 마찬가지다. 만약 특정 자산이나 지역에 편중됐다면 의식적으로 조정하는 것이 바람직하다.

투자가 익숙해지고 시간이나 에너지에 여유가 생긴 사람은 자산 포트폴리오 일부를 매각하고 새로운 자산으로 교체할 수도 있다.

지금까지 설명한 다섯 단계에서는 '투자의 10대 원칙'을 잘 지키는 것이 중요하다. 이들 열 개 조항은 모두 중요하지만, 그중에서도 '③ 이해될 때까지 확인하기', '④ 투자에 관한 무의식적 편견에 주의하기', '⑥ 스스로 판단하기'는 특히 중요하다. 늘 명심하도록 하자.

또 자기 자신과 포트폴리오 모두를 늘 최고의 상태로 유지할 수 있도록 끊임없이 배우는 자세로 임하자. 처음에는 힘들지도 모르지만, 습관이 들면 쉬워진다. '3개월에 한 번은 재검토해야지', '돈 이야기를 나눌 수 있는 친구를 6개월에 한 번은 만나야지' 등으로 정해 두면 포트폴리오를 재검토하는 시간도 무리 없이 가질 수 있을 것이다. 기분이 좋아지는 투자법을 찾아야 한다.

복리 효과를 활용하자

투자한 원금에만 이자가 붙는 것을 단리라 한다. 반면 투자 원금뿐 아니라 지금까지 받은 이자를 더한 금액에 다시 이자가 붙는 것을 복리라고 한다.

복리로 운용하면 운용 기간이 길수록 이자액이 늘어난다. 이것을 '복리 효과'라고 부른다. 복리 효과에는 눈덩이처럼 불어나는 힘이 있다. 원금과 이자를 더한 금액에 또 이자가 붙으니, 원금에만 이자가 붙을 때보다 자산이 훨씬 빨리 쌓인다.

돈이 어렵기만 한 당신이 읽어야 할 책

100만 원을 10년 동안 복리와 단리로 투자했을 때 차이
(이자가 연 10%라고 가정했을 때)

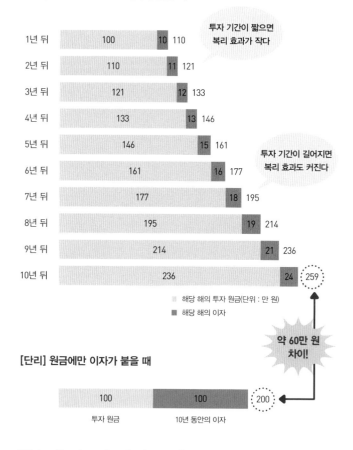

[복리] 원금과 이자에 또 이자가 붙을 때

1년 뒤	100 / 10	110 — 투자 기간이 짧으면 복리 효과가 작다
2년 뒤	110 / 11	121
3년 뒤	121 / 12	133
4년 뒤	133 / 13	146
5년 뒤	146 / 15	161
6년 뒤	161 / 16	177 — 투자 기간이 길어지면 복리 효과도 커진다
7년 뒤	177 / 18	195
8년 뒤	195 / 19	214
9년 뒤	214 / 21	236
10년 뒤	236 / 24	259

■ 해당 해의 투자 원금(단위 : 만 원)
■ 해당 해의 이자

약 60만 원 차이!

[단리] 원금에만 이자가 붙을 때

100	100	200
투자 원금	10년 동안의 이자	

출처 : https://www.fsa.go.jp/policy/ISA2/knowledge/basic/index.html(금융청)을 토대로 저자 작성

투자 정보, 어디를 어떻게 봐야 하나?

이제 대략적인 매수의 흐름은 이해됐으리라고 본다. 하지만 실제로 투자상품을 어떻게 골라야 하는지 몰라 답답한 사람이 있을 것 같다. 그래서 이번에는 투자할 펀드를 선택하는 방법에 대해 함께 살펴보도록 한다.

펀드를 고를 때는 확인해야 할 사항이 몇 가지 있다. 우선, 마음에 드는 펀드를 발견하면 판매를 담당하는 증권사나 은행 홈페이지에서 정보를 확인하자. 투자 설명서도 다운받자. 영업점에 가지 않아도 웹 사이트나 앱에서 다운로드할 수 있다. 증권사와 은행은 펀드의 목적과 특색, 투자 리스크, 운용 실적, 수수료 등의 정보를 홈페이지에 올려 놓는다.

가상의 펀드 '○○인덱스 펀드 미국 주식(S&P500)'을 만들어 함께 살펴보자. 상품 정보 페이지를 보고 상품 분류와 속성 구분을 확인할 줄 알아야 한다.

다음은 투자 설명서를 알기 쉽게 재구성한 것이다. 이 펀드는 추가형(①)으로서, 미국 주식에 투자하고(②), S&P500 지수(배당 포함, 원화 환산)를 대상 인덱스로 삼아 같은 운용 성과를 목표로 하며(③), 원칙적으로 환 헤지는 없고(④), 1년에 한 번 결산한다(⑤)는 것을 알 수 있다(①~⑤는 그림 속 숫자).

투자신탁 설명서

(교부확인서)

사용 개시일 2020. 11. 1

○○인덱스 펀드 미국 주식(S&P500)

별칭 : IndexF-SP500

추가형 투신 / 해외 / 주식 / 인덱스형

상품 분류				속성 구분					
단위형 · 추가형	투자 대상 지역	투자 대상 자산(수익의 원천)	보충 분류	투자 대상 자산	결산 빈도	투자 대상 지역	투자 형태	환 헤지	대상 인덱스
추가형 ❶	해외 ❷	주식	인덱스형	기타 자산	연 1회 ❺	북미	패밀리 펀드	없음 ❹	기타(S&P500 지수(배당 포함, 원화 환산)) ❸

※ 상품 분류 및 속성 구분의 내용은 일반 사단법인 투자신탁협회 홈페이지(https://www.toushin.or.jp/)에서 확인하실
수 있습니다.

매수 전에 본서의 내용을 충분히 읽어 주세요.

· 본서는 금융상품거래법 제13조의 규정에 근거한 투자 설명서입니다.
· 펀드에 관한 투자신탁 설명서(청구 설명서를 포함한 상세한 정보는 위탁회사 홈페이지에
  서 열람, 다운로드할 수 있습니다. 약관 전문은 청구 설명서에 게재돼 있습니다.
· 펀드 판매사, 펀드의 기준가 등에 관해서는 아래 연락처로 문의 바랍니다.

위탁회사	펀드 운용 지도 등을 맡습니다.	위탁회사	펀드 재산의 보관과 관리를 맡습니다.
□□ 에셋 매니지먼트 주식회사		◇◇신탁은행 주식회사	

추가형은 펀드 운용이 시작된 후에도 매수할 수 있다는 의미다. 만약 단위형으로 표시되어 있다면 펀드 설정 전에 신청한 사람만 매수할 수 있다.

이 펀드는 S&P500 지수에 포함된 종목을 시가총액 비중에 따라 기계적으로 매수해 구성한다. 이를 패시브 운용이라고도 부른다. S&P500(배당 포함)의 연간 수익은 과거 30년 평균이 약 12%였다. 미국 주식을 추천하는 사람이 많은 이유는 과거 운용 실적이 호조였기 때문이다.

하지만 앞으로도 기존의 성장이 계속될지는 알 수 없다. 더 많이 분산하고 싶다면 미국뿐 아니라 전 세계 주식에 투자하면 된다. 펀드명에 나라 이름이 들어간 상품을 확인해 보자. 그 대상을 선진국으로 좁힌 상품이나, 국내를 제외한 전 세계 주식에 투자하는 상품도 있다.

만약 국내에 살고 국내 기업에서 일해 월급을 받고 있다면 국내에 투자하는 것과 다름없다는 게 개인적인 생각이다. 그래서 국내를 제외한 해외 투자 펀드를 추천한다.

'환 헤지'는 환율 변동에 영향을 받지 않는다는 뜻이다. 환율이 고점일 때나 앞으로 환율이 떨어질 것 같을 때 유리하다. 환 헤지 상품의 경우 상품명 끝에 '(H)'가 붙어 있다. 반대로 환 헤지가 없는 것은 '환 노출' 상품이라는 뜻이다. 환 노출은 환율 변동이 그대로 손익에 반영된다. 따라서 환율이 저점이거나 앞으로 환율이 오를 것 같을 때 유리하다.

자산 종류를 분산하려면 주식 외에 부동산 투자신탁이나 채권 투자신탁을 조합해도 좋다.

배당금도 챙겨야 한다

○○인덱스 펀드 미국 주식(S&P500)의 내용을 좀 더 들여다보자. 주목해야 할 부분은 '기준가'와 '배당'이다. 여기서는 먼저 배당에 관해 설명한다. 기준가에 관해서는 뒤에서 다시 살펴보기로 하자.

펀드를 매매해서 얻는 수익으로 척종적으로 펀드를 팔았을 때 나오는 이익인 매각 차익만 있다 생각할 수 있지만 그 외에 배당금(분배금)을 받을 수 있는 상품도 있다. 205페이지의 펀드 설명서에는 연 1회 결산이 이루어진다고 적혀 있다. 배당금이란 매월, 또는 격월, 연 2회, 연 1회 등 펀드에 따라 정해진 결산시기에 수익의 일부를 투자자에게 지급하는 것을 말한다. 일본에서는 한때 매월 배당금을 받을 수 있는 '월 배당형' 펀드가 인기였다. 정기적으로 용돈을 받는 느낌을 주었기 때문이다.

펀드에 따라서는 처음부터 배당금을 지급하지 않는다고 정한 종류도 있다. 이런 펀드는 발생한 수익이나 배당금을 투자자에게 분배하지 않고. 자동으로 펀드 내에 재투자하여 자산을 늘린다. 앞에서 복리 효과를 설명했는데, 이런 유형이 더 효율적이고 돈을 불리기 쉽다. ○○인덱스 펀드는 연 1회 결산이라고 설명되어 있었는데, 210페이지의 '배당 추이'를 보면 모두 0원이다. 즉, 결과적으로 무배당이었음을 알 수 있다. 수익의 일부를 배당금으로 주지 않고 그대로 재투자해야 원금이 커지는 법이다.

복리 효과에 관해 배운 사람이라면 돈이 더 효율적으로 일할 수 있도록 하고 싶을 것이다. 그렇다면 자연스럽게 월 배당형보다 미래를 위해 재투자하는 펀드에 관심이 갈 것이다.

해당 펀드의 구성을 확인하라

기준가란, 펀드의 가격을 말한다. 이는 다양한 요인에 의해 변동한다. 그러나 펀드의 원금은 보장되지 않는다. 시장이나 경제 등의 움직임, 편입된 개개 자산 가격에 따라 기준가가 낮아질 수도 있다. 외화 자산을 환 헤지 없이 편입시키면 환율 변동 리스크도 생긴다. 편입된 자산 발행 주체의 경영·재무가 악화해 영향을 받을 수 있는 신용 리스크도 있다. 투자 대상과 지역에 따라서 전쟁 같은 지정학 리스크를 부담해야 할 때도 있다.

펀드가 상대적으로 리스크가 낮다고 해도 너무 큰 수익을 노리다 보면 예상치 못한 리스크를 떠안을 가능성이 있다. 매수를 검토 중인 펀드에 어떤 리스크가 예상되는지, 위험도를 확인하고 그 구성을 사전에 확인해 두자.

펀드의 과거 성과를 확인하라

투자 설명서를 볼 때는 사고 싶은 상품의 운용 실적을 살펴야 한다. 실적이란, 그 펀드가 낸 기존의 성적이다.

펀드를 사기 전에 우선 판매사와 운용사의 웹 사이트에 들어가서 '기준가'의 추이를 살펴보자. 펀드 상품명으로 검색

운용 실적

기준가·순자산총액의 추이(설정 이후)

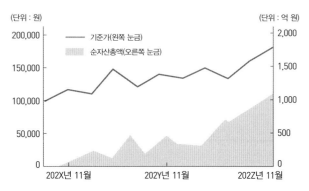

(단위 : 원)

(단위 : 억 원)

기준가(왼쪽 눈금)

순자산총액(오른쪽 눈금)

기준가·순자산(202Z년 11월 30일 현재)

기준가	185,900원
순자산총액	1,146억 원

배당 추이(1좌당, 세금 공제 전)

202X년 11월	0원
202Y년 11월	0원
202Z년 11월	0원
설정 이후 누계	0원

돈이 어렵기만 한 당신이 읽어야 할 책

하면 과거 기준가와 순자산총액의 추이를 볼 수 있다.

앞서 예로 든 펀드를 살펴보자. 기준가가 오르고 있는 것으로 보아 실적이 좋음을 알 수 있다. 펀드사 홈페이지에서 주요 편입 자산의 상황도 확인할 수 있으며, 인덱스형 펀드의 경우는 벤치마크(여기에서는 S&P500)와 그 펀드의 운용 실적을 비교하기 위한 데이터도 나와 있을 것이다.

인덱스형은 운용 성과의 연동을 목표로 삼는다. 따라서 벤치마크의 실적이 신통치 않으면 그 펀드의 성적도 당연히 별 볼 일 없어진다.

참고로, 벤치마크의 실적이 좋든 나쁘든, 그보다 나은 운용 성과를 내고자 하는 것이 액티브형 운용이다.

과거 운용 실적이 좋다고 해서 향후 실적이 보장되는 것은 아니지만, 그래도 기준가의 추이를 살펴봄으로써 해당 펀드가 건전하게 운용되는지 확인할 수 있다.

순자산총액이라는 금액은 펀드의 규모를 나타낸다. 이 순자산총액이 감소 경향이라면 구매를 피하는 것이 좋을 수 있다. 이것도 펀드 운용사의 웹 사이트에서 추이를 확인할 수 있다.

매수에 드는 비용을 확인하라

펀드 매매에는 다양한 비용이 든다. 주요 비용으로는 펀드 가입 시 수수료(선취 수수료)는 물론, 보유하는 동안의 운용 관리 비용(신탁 보수), 해약 시 비용(환매 수수료), 세금을 들 수 있다. 이것들도 매수 전에 투자 설명서를 보고 모두 확인하자.

수수료는 특히 주의해야 한다. 처음부터 기대되는 수익을 초과할 만큼 높은 수수료를 설정하는 상품도 있으므로 매수 전에 확인하도록 하자.

금융상품에 투자해서 얻은 이익에 대해 한국은 개인 투자자에게 15.4%의 세금을 부과한다. 소득세가 14%이고 지방세가 1.4%다. 펀드에 1,000만 원을 투자해서 1,500만 원이 되었다면 이익인 500만 원 중 77만 원(500만 원×15.4%)을 세금으로 내야 한다. 꽤 큰 금액이다. 그런데 일정 조건을 충족하면 이 세금을 내지 않아도 된다는 것이 ISA 제도다. ISA에 대해서는 나중에 자세히 설명하겠다.

다만 펀드는 모든 금융소득에 대해 세금을 내는 것은 아니다. 펀드의 수익은 주로 매매에 의한 매매차익, 주식 결산에 따른 배당소득, 이자소득으로 나뉜다. 안정적인 채권에 주로 투자하는 펀드의 경우에는 매매차익과 이자소득 모두 과세

돈이 어렵기만 한 당신이 읽어야 할 책

대상이 된다. 반면 국내 주식에 주로 투자하는 펀드는 매매에 다른 차익에 대해서는 세금이 부과되지 않고 배당금에만 세금이 부과된다. 물론 주식 가격이 하락할 경우 원금 손실이 발생한다는 리스크가 있다. 주식 매매차익 비과세는 국내 주식형 펀드만 해당하고 해외 주식형 펀드나 채권형 펀드는 해당하지 않으니 유의하길 바란다.

판매사와 운용사의 웹 사이트에서는 투자 설명서 외에 다양한 자료가 많다. 투자자에게 정보를 쉽게 전달하기 위한 간이 투자 설명서, 투자자를 위해 운용 상황을 결산기별로 정리한 운용 보고서, 매월 운용 상황을 정리한 월간 보고서 등이 있으므로 꼭 확인해 보길 바란다.

투자에도 편견이 작용한다

사람은 누구나 편견을 가지고 있다. 이는 인간인 이상, 어쩔 수 없는 일이다. 다만 지식이 있으면 이런 경향을 피할 수 있다. 편견은 투자를 할 때도 어김없이 발동하는데, 어떤 것들이 있는지 함께 살펴보도록 하자.

우선 첫 번째 편견은 자국·지역 편향home-country bias이다. 이는 투자처가 자신이 살고 있는 나라에 집중되기 쉬운 경향을 가리킨다. 가령 한국 주식 시장의 시가 총액은 2024년 12월 기준으로 약 1.55조 달러다. 미국 전체 주식시장의 시가총액은 약 63조 달러다. 애플의 시가총액이 약 3.8조 달러다. 한국 기업들의 주식을 모두 합쳐도 시가총액이 애플보다 작은 것이 된다.

하지만 투자자는 자신이 살고 있는 나라의 정보를 입수하기가 쉽고, 타국에 비해 잘 안다는 자신감이 있기 때문에 무의식중에 국내 주식부터 관심을 가지기 쉽다.

두 번째 편견은 손실 회피 편향loss aversion bias이다. 인간은 이익을 보기보다 손실을 회피하고 싶어 하는 경향이 있다. 전망 이론prospect theory에서 유래한 개념이다.

이런 편견이 작용하면 투자한 상품의 가격이 상승 기조인데도 가격이 하락세로 돌아설까 봐 불안해서 일찍 매도해 버린다. 하락 기조에 들어섰을 때는 팔아야 하는데, 손실이 확정되는 것이 두려워 못 본 척하는 것도 손실 회피 편향이다. 이런 무의식적인 편견에 끌려다니지 않도록 주의해야 한다.

여러분은 편견에 휩쓸리기 쉬운 성향인가?

손실 회피 편향에 대한 셀프 체크리스트를 만들어 보았다. 다음 두 가지 질문에 답해 자신의 경향을 확인해 보자.

질문 1: 만약 무료로 받을 수 있다면 무엇을 선택할 것인가?

① 500만 원을 받을 확률이 100%인 티켓 A

② 50%의 확률로 0원 또는 1,000만 원을 받게 되는 티켓 B

둘 중 어느 쪽을 선택하고 싶은가? 다른 질문도 한번 생각해 보자.

질문 2: 만약 무료로 받을 수 있다면 무엇을 선택할 것인가?

③ 400만 원을 받을 확률이 100%인 티켓 C

④ 50%의 확률로 0원 또는 1,000만 원을 받게 되는 티켓 B

둘 중 어느 쪽을 선택하고 싶은가? 여러분의 성향은 어느쪽인가? 이 질문에 대한 답은 각기 다르다. 적은 금액이라도 100% 받을 수 있는 쪽을 고르는 사람이 있고, 가능성은 좀 작지만 1,000만 원을 받는 쪽을 고르는 사람도 있다. 리스크 허용도와 손실 회피 편향의 정도에 따라 선택은 달라진다.

한편 투자의 수익 측면에서 생각하면 조금 다른 세계가 눈에 들어온다. '100% 받을 수 있다'라는 점이 반드시 최우선 고려 사항이 되는 것은 아니다. 여기서 흔히 이용되는 기대 수익(기대 수익률)이라는 개념을 적용해서 살펴보자. 참고로 기대 수익이란, 투자했을 때 얻을 것으로 예상되는 평균적인 수익을 가리키는 말이다.

질문 1: 만약 무료로 받을 수 있다면 무엇을 선택할 것인가?

① 티켓 A의 기대 수익 : 500만 원=500만 원×100%

② 티켓 B의 기대 수익 : 500만 원=(0원×50%)+(1,000만 원×50%)

질문 2: 만약 무료로 받을 수 있다면 무엇을 선택할 것인가?

③ 티켓 C의 기대 수익 : 400만 원=400만 원×100%

④ 티켓 B의 기대 수익 : 500만 원=(0원 50%)+(1,000만 원×50%)

질문 1의 경우는, 티켓 A와 티켓 B의 기대 수익이 동일하다. 기대 수익이라는 관점에서는 어느 쪽을 선택해도 정답이다. 다만, 티켓 B를 골랐을 때 생길 수 있는 0원의 리스크를 피하고, 무조건 500만 원을 받을 수 있는 티켓 A를 고른 사람은 손실 회피 편향이 강한 경향이 있다. 반대로 티켓 B의 '1,000만 원을 받을지도 모르는 기회'에 매력을 느낀 사람은 손실 회피 편향이 약하다.

질문 2에서는 티켓 B의 기대 수익이 C보다 높다는 것을 알 수 있다. 티켓 C를 고른 사람은 손실 회피 편향이 상당히 강하다고 할 수 있다. 기대 수익 측면에서 보면 티켓 B가 정답이지만, 비록 기대 수익이 적더라도 100% 받을 수 있다는 것이 판단의 결정적인 이유가 되는 사람도 있는 것이다.

자신에게 어떤 성향이 있는지를 안 다음, 투자할 때 편견에 휘둘리지 않도록 명심하면 좋겠다.

ISA 계좌를 만들자

여기서부터는 ISA에 관해 구체적으로 살펴보자. 투자를 위해 아무것도 해 본 적 없는 사람, 다른 사람이 좋다는 대로 투자하고는 있으나 정답을 몰라 망설이는 사람 모두 기본적인 흐름은 알아야 한다. 지금까지 펀드를 고르는 방법을 살펴보았으니, 실제 어떻게 구매해야 하는지 알아 보자.

투자가 처음이라면 ISA 계좌를 활용할 것을 권한다. 통상 금융상품에 투자하면 수익의 15.4%에 해당하는 금액을 소득세로 내야 한다. 하지만 ISA 계좌 안에서 투자해 얻은 이익이라면 그 세금을 내지 않거나 덜 내도 된다.

ISA는 기본적으로 투자자가 투자액이나 투자 대상을 스스로 골라 운용하는 제도이기 때문에 다른 투자와 방식이 유사하다. 그러면서도 세금 공제가 되니 이득이다.

ISA는 중개형, 신탁형, 일임형이 있다. 일임형은 운용사가 포트폴리오를 제시하면 그중 하나를 선택하는 운용 방식이다. 따라서 개별 상품은 선택할 수 없다. 반면 중개형과 신탁형은 고객이 직접 상품을 선택할 수 있다. 중개형은 채권, 국내 상장 주식, 펀드, ETF, 리츠 등 가장 다양한 상품을 매수할 수 있다. 신탁형은 ETF, 펀드, 리츠 등을 매수 가능하지만 국내 주식은 주문이 안 된다. 반면 예금 상품은 투자 가능하다는 특징이 있다. 신탁 보수도 있다. 특별히 예금에 투자할 것이 아니라면 일반적으로는 중개형을 선택하는 편이 편하다.

만약 투자가 처음이라 자신의 리스크 허용도를 잘 모르거나, 모니터링에 들일 시간이 많지 않은 사람은 소액 투자로 리스크가 적은 상품을 골라 적립식 투자부터 해 보길 추천한다.

ISA 완전 정복하기

ISA는 개인 투자자가 이 계좌에서 국내 주식, ETF, 펀드 등 다양한 금융상품을 샀다면 절세 혜택을 준다. 다른 계좌에서 투자해 수익이 났으면 세금을 내야 하지만 ISA 계좌에서 수익이 나면 내지 않거나 덜 내도 된다. 이는 정부가 주는 큰 장점이니 적극적으로 활용하면 좋다.

왜 세금이 부과되지 않는가 의문이 들 것이다. 이는 정부가 저금리, 고령화 시대에 국민이 안정적으로 재산을 형성하기를 원해서다. 과거, 특정 계층 위주로 세제 지원을 했던 프로그램의 대상을 대폭 확대한 것이라 볼 수 있다. (2013년 재형저축과 2014년 소득공제 장기펀드가 소득 공제 혜택을 줬지만 현재는 둘 다 사라졌다. 이를 대신해 개인의 자산 형성을 지원하고 촉진하는 대책으로 2016년 3월 정부가 ISA를 출범시킨 것이다. — 역자 주)

ISA의 가장 큰 장점은 절세다. 순이익 200만 원까지 비과세고, 초과분은 분리과세 9.9%가 적용된다.

일단 순이익 200만 원까지 비과세라는 것이 무엇을 의미하는지 살펴보자. 만약 일반 계좌에서 상품 A에 투자하여 이익이 300만 원 생겼다고 하자. 그렇다면 과세 기준이 300만 원이 되어서 15.4%인 46만 2천 원을 세금으로 내야 한다. 반면 ISA 계좌에서 수익이 300만 원 났을 경우 200만 원은 비과세이니 초과분 100만 원에 대해서만 세금이 부여된다. 그것도 15.4%가 아닌 9.9%다. 즉 9만 9,000원만 세금으로 내면 된다. 내야 하는 세금이 36만 3,000원이나 차이가 나는 것이다. 무시할 수 없는 금액이다.

순이익에 과세가 된다는 점을 생각하면 차이는 더 커진다. 만약 일반 계좌에서 상품 A에 투자해 300만 원 수익이 나고 상품 B에 투자해 90만 원 손실을 봤다고 하자. 그렇다 하더라도 과세 기준은 수익인 300만 원이고 여전히 46만 2,000원의 세금을 내야 한다. 반면 ISA 계좌에서 상품 A에 투자해 300만 원 수익이 나고 상품 B에 투자해 90만 원 손실을 봤다고 하자. 이때는 순이익인 210만 원만 과세 기준이 된다. 심지어 200만 원은 비과세이니 초과분 10만 원에 대한 세금 즉 9,900원만 세금으로 내면 된다. 단순 예시이고 차이가 최대한 난다고 상정했을 때 계산이지만 어쨌든 이런 혜택이 있다면 ISA 제도를 사용하지 않을 이유가 없다.

심지어 비과세 200만 원은 직전 연도 총급여가 5,000만 원 초과이거나 종합소득이 3,800만 원 초과된 사람 기준이다. 수입이 그 이하인 직장인이나 종합소득이 3,800만 원 이하인 농어민이라면 서민형, 농어민형으로 가입할 수 있다. 그러면

400만 원까지 비과세가 적용된다.

　ISA의 납입 한도는 연간 2,000만 원씩 5년간 최대 1억 원을 넣을 수 있다. 만약 올해 여유가 없어서 전혀 납입하지 못해도 괜찮다. 연간 납입 한도가 이월되기 때문이다. 만약 첫해에 납입을 하지 않았다면 그다음 해에는 4,000만 원까지 납입이 가능하다. 가입 첫 해 500만 원을 납입했다면 둘째 해에는 3,500만 원까지 납입할 수 있다. 만들어 놓고 한 번도 납입하지 않았다면 마지막 해에 1억 원을 납입할 수 있다.

　그러나 투자의 목적은 ISA의 한도를 다 채우는 것이 아니다. 투자의 세 가지 핵심 요소인 투자에 관한 지식, 리스크 허용도, 모니터링에 걸리는 시간을 고려하면서 여유 자금 중에서 여러분이 기분 좋게 투자할 수 있는 금액과 횟수로 투자해야 한다. 한도를 다 채우는 것보다 이 비과세 제도를 잘 활용하는 것이 중요하다.

　ISA는 의무 가입기간 3년만 지키면 세제 혜택을 받을 수 있다. 하지만 아직 투자가 익숙하지 않은 단계에서는 한꺼번에 투자하기를 추천하지 않는다. 조금씩 해 보다가 서서히 투자액을 늘리는 편이 좋다.

　ISA는 투자로 얻은 이익에 붙어야 할 세금이 없는 '제도'다. 이른바 '비과세라는 보물 상자'를 손에 넣는 방법이라고 생각하면 된다. ISA라는 이름의 투자상품이 있는 것은 아니다.

나에게 맞는 금융기관 찾기

우선 계좌를 개설한다. 실제로 어느 금융기관에서 계좌를 만들지 선택해 보자.

여러분은 이미 하나 또는 여러 개의 은행 계좌를 가지고 있을 것이다. ISA 계좌는 은행과 증권사에서 모두 개설할 수 있지만, 투자 대상이나 상품 종류가 많다는 점에서 증권사에서 계좌를 개설하는 것을 추천한다.

ISA 계좌를 만들 금융기관을 고르기 위한 네 가지 검토 사항을 준비했다.

① 증권사 찾아보기

실질적으로 원금 보전이 되는 채권만 사고 싶은 사람부터, ETF, 펀드, 개별 기업의 주식 등에 투자하고 싶은 사람까지 각자가 희망하는 투자 대상은 다르다.

만약 예·적금만 가입해 굴릴 예정이며 굳이 신경 쓰고 싶

돈이 어렵기만 한 당신이 읽어야 할 책

지 않다는 사람은 이미 계좌를 가지고 있는 은행에서 ISA 계좌를 만들어도 된다. 원래 거래 실적이 있는 은행에서 가입해야 한꺼번에 관리하기도 쉽다.

하지만 아마 대다수는 예·적금 외에 다른 금융상품에 투자하고 싶을 것이다. 그렇다면 증권사에서 계좌를 개설하면 된다. 소소하게나마 계좌 개설 시 현금 보상이나 수수료 우대 이벤트를 여는 곳도 있으므로, 시간이 있다면 검색해 봐도 좋다. 투자 대상을 어디까지 넓힐지는 투자에 관한 자신의 지식과 리스크 허용도, 모니터링에 걸리는 시간을 생각하면 확실하게 보일 것이다.

② 편의성 살피기

중개형 ISA 계좌를 만들려면 증권사 계좌부터 개설해야 한다. 종합 매매 계좌를 만들고, 그것과 별도로 ISA 계좌를 다시 만든다고 생각하면 된다. 기존에 거래하던 증권사인지, UI가 어떤지 등을 고려해 거래하기 편한 쪽으로 고르자.

③ 수수료 확인하기

중개형 ISA 계좌에서 매매할 시 거래 수수료는 증권사마다 다르지만 대부분 매우 낮게 설정되어 있다. 큰 차이가 없으므로 편하게 선택하면 된다. 만약 중개형이 아닌 신탁형을 선택했을 경우 연 0.2% 정도의 신탁 보수가 들어간다.

④ 정보 제공 방법 알기

각 금융기관은 경제와 금융, 시장 동향, 투자상품의 가격 추이 같은 정보를 매일 제공한다.

자신이 계좌를 개설한 금융기관의 웹 사이트와 앱을 통해 직접 정보를 수집하거나 매매하는 것이 불안하다면 대면 상담이 가능한 금융기관을 선택해 영업점을 찾아가면 된다. 그만큼 시간과 비용은 들지만, 창구나 전화 등을 통해 담당자로부터 직접 지원을 받을 수 있어 좋다는 사람도 있다. 직접 물어볼지, 비용을 낮출지는 사람마다 다르다.

웹 사이트에서 제공되는 정보의 양이나 제시 방법도 회사마다 다르다. 자신이 알기 쉽고, 이용하기 쉬운 쪽이 어느 쪽인지 확인하고 금융기관을 고르자.

돈이 어렵기만 한 당신이 읽어야 할 책

ISA 계좌를 개설해 보자

금융기관이 정해졌으면 다음은 계좌 개설이다. 여기서는 증권사에서 중개형 ISA 계좌를 개설하는 경우를 다뤄 본다. 이때 행동 패턴을 다음 세 가지로 나눌 수 있다.

① 증권사에 아직 계좌가 없고, 처음으로 ISA 계좌를 개설하는 경우
증권 종합 매매 계좌와 ISA 계좌를 모두 만들어야 한다. 두 계좌의 신규 개설을 신청하자.

② 이미 증권 종합 매매 계좌를 가지고 있고, ISA 계좌는 처음 개설하는 경우
증권사에 ISA 계좌의 신규 개설을 요구한다.

③ 이미 가지고 있는 ISA 계좌를 다른 증권사로 옮기고 싶은 경우
현재 있는 ISA 계좌를 다른 금융기관으로 옮기고 싶을 수도 있다. 그렇다면 바꾸고 싶은 금융기관에서 이전신청서를 작성하면 된다. 이전 요청이 접수되면 기존 금융기관에서 전화가 와 계좌 이전 의사를 확인할 것이다. 이전을 하겠다고 하면 새로운 금융기관으로 ISA 계좌가 옮겨진다.

상품을 고르고 매수 준비를 하자

ISA 계좌를 개설했다면 '드디어 매수한다!'라는 생각에 설레는 사람도 많을 것이다. 자, 여러분의 소중한 투자 자금을 어디에서 얼마나 조달하고, 어느 투자상품을 선택해, 얼마씩, 어떤 페이스로 투자할지, 결정되어 있는가?

이 내용을 정하지 않고 상품부터 고르면 훗날 후회스러운 상황을 부르게 된다. 수고스러움도 덤이다. 매수하기 전에 일단 멈춰서 투자에 쓸 수 있는 여유 자금부터 검토하자.

이전에 작성한 라이프 이벤트 노트를 꺼내서 언제 어느 시점에 어느 정도의 자금을 투자에 넣을 수 있을지, 다시 한번 확인하면 된다.

그럼, 드디어 본론으로 들어가 보자. 어떤 투자상품을 고를 것인가? 우선은 운용 비용이 적게 들고 가격 변동을 알기 쉬운 투자상품을 선택해 보자. 예를 들어, 미국의 경제와 시장 성장을 기대할 수 있겠다고 판단한 경우는 '다우지수'나 'S&P500' 등의 지수를 추종하는 투자신탁을 선택한다.

만약 당신이 ISA 계좌에서 미국 주가지수를 따르는 ETF를 매매한다고 가정하자. ISA 계좌에서는 해외 주식을 직접 매매할 수 없다. 대신 국내에 상장된 해외 ETF는 투자가 가능하다.

만약 리스크가 걱정된다면 주식 외의 투자상품도 선택해 분산하는 게 좋다. 채권이나 금 등이 좋다. 만약 당신이 한국에서 살고 국내에서 수입을 얻는 경우, 투자처는 한국 이외로 해 두는 편이 리스크를 분산할 수 있을 것이다. 특정 지역에 집중되지 않도록 전 세계를 대상으로 한 인덱스를 고를 수도 있다. 전 세계 선진국의 주식을 대상으로 한 지수로는 미국의 MSCI 사가 산출하는 MSCI 월드 인덱스가 유명하다. '분산'을 명심하면서 선택하자.

해외 국가의 미래를 예상하고 사기

좀 더 구체적으로 어떤 ETF, 펀드, 채권을 고를지 생각해 보자. 여러분은 지금 어느 나라나 지역의 경제, 시장 성장을 기대할 수 있다고 보는가? 중장기적인 관점에서 상상해 보자. 아울러 증권사 웹 사이트 등에서 여러분이 주의 깊게 살피는 나라의 주가가 과거 어떤 추이를 보였는지를 확인해 보자.

미국처럼 상승세인 경우도 있고, 일본처럼 버블 경제 붕

괴로 주저앉았다가 다시 상승한 경우도 있다. 과거의 주가 움직임을 통해 변동 폭이 얼마나 되는지, 크게 움직였을 때는 어떤 배경과 상황이 있었는지 등을 알아볼 수도 있다.

여기서 중요한 것은 주가는 미래를 예상하면서 움직인다는 점이다. 여러분도 꼭 세계의 정치·경제와 금융시장의 동향을 예상하면서 어느 나라가 더 전망이 좋은지를 가늠해 보길 바란다. 나중에 소개할 'PEST 분석'은 미래를 예상하는 데 유용한 도구다.

딱히 어떤 나라가 좋을지 모르겠다는 사람은 마음이 가는 상품을 소액씩 매수해 보거나, 특정 국가에 치우치지 않도록 전 세계 주식을 대상으로 한 인덱스를 선택하도록 한다.

같은 인덱스나 비슷한 인덱스를 참조하는 투자신탁도 여럿 있을 것이다. 그럴 때는 어느 쪽 비용이 저렴한지, 순자산총액은 얼마나 되는지를 확인하자. 순자산총액이 큰 상품은 인기가 있고 실적이 보장될 가능성이 높기 때문이다.

또, 투자신탁 설명서를 반드시 확인하도록 하자. 앞에서도 썼지만, 이는 투자 판단에 필요한 중요 사항을 기재한 서류로써 은행이나 증권사 홈페이지에서 구할 수 있다. 매수하려고 하는 투자신탁의 운용 방침이나 특징, 예상되는 리스크, 운용 실적, 수수료 등을 확인하자.

돈이 어렵기만 한 당신이 읽어야 할 책

실제로 매수해 보기

ISA 계좌도 일반 계좌랑 매수 방법이 똑같다. 증권사 앱에 접속해서 사고 싶은 상품을 선택헤 매수하면 된다. 매수할 상품이 정해지면 증권사 앱에 로그인한다.

우선 ISA 계좌에 입금부터 해야 한다. 카테고리에서 입출금 코너를 찾자. 처음 매수하고자 하는 금액보다 조금 여유 있게 입금해 두면 좋을 것이다.

중요한 점은 여러분의 생활 방식을 우선시해서 무리하지 않는 범위에서 투자하는 것이지만, 투자 기간을 길게 잡고 복리 효과를 극대화하기 위해서는 일찍 투자하는 것도 좋다. 만약 연간 1,200만 원씩 구매할 여유 자금이 있다면 매달 100만 원씩 적립한다 생각하면 기억하기 쉽다.

주문을 완료하기 전에 투자 설명서를 아직도 확인하지 않은 사람은 반드시 읽어야 한다. 운용 상품에 따라서는 매수 후에 예상치 못한 리스크가 발생할 수도 있다.

대충 읽었다고 버튼만 누르지 말고, 매 페이지를 제대로 읽어 잠재적인 리스크로부터 자신을 보호하도록 하자.

진짜 투자는 매수 이후부터 시작이다

모든 일에 '시작'과 '끝'뿐만 아니라, '그 사이'를 의식하면 다양한 관계가 눈에 들어온다. 마음에 들어서 사 놓고도 안 쓰게 되어서 버린 물건. 처음에는 배려심이 넘쳤는데 친해지면서 선이 넘기 시작한 관계. 폐업한다고 하니 갑자기 사람이 몰려드는 가게. 시작과 끝은 눈에 띄기 쉽지만, 그 사이는 간과하기 쉽다.

투자도 마찬가지다. 시작과 끝과 그 사이를 의식하면 그 장점이 투자에 드러난다. 처음에는 열심히 조사하고, 비교하고, 검토한 후에 매수했어도 그 후 모니터링은 잊기 쉽다. '내가 투자한 회사가 망할 것 같다', '투자하던 회사가 상장 폐지됐다' 이렇게 큰 변화가 생겨야 비로소 황급히 상담하러 오는 사람도 있다.

여러분이 보유한 투자상품 목록은 증권사 앱에서 쉽게 확인할 수 있다. 최소 연 1회는 보유한 투자신탁의 기준가와 순자산액을 확인하도록 하자. 리스크가 높은 상품을 보유 중이라면 더 자주 확인해야 한다.

ISA 계좌 외에도 복수의 증권사를 통해 투자하고 있는 사람은 직접 엑셀 시트 등을 만들어 한눈에 살펴볼 수 있게 해

돈이 어렵기만 한 당신이 읽어야 할 책

투자. 또 투자신탁의 운용 성과는 운용보고서 등으로 확인하도록 하자.

습관을 들이면 되는 문제다. 따라서 처음에는 미리 달력에 기록하거나, 정기적으로 계좌를 정리하도록 알림을 설정하거나, 상품 가격이 크게 움직일 때 증권사로부터 알림이 오게 설정해 놓자.

또 개별 기업 주식에 투자한 사람은 구글 알림에 투자처의 기업명 등 궁금한 키워드를 등록해 두면 해당 키워드를 포함한 뉴스가 정해진 시간에 뜨게 할 수 있어 편리하다. '결산', '저가주' 등의 키워드 외에 'SDGs', 'AI' 등의 테마를 설정하는 것도 좋은 방법이다.

처음에 제대로 조사하는 것도 물론 중요하지만, '끝'과 '그 사이'에 대해서는 잊기 쉽다. 눈앞에서 사라지면 잊어버리기 마련이다. 그러니 모니터링과 관리를 위해 자동적 혹은 반강제적으로 움직일 수 있는 구조를 스스로 만들어야 한다.

이렇게 해서 ISA의 대략적인 흐름은 끝났다. 여기까지 봤으면 의외로 단순하다는 생각이 들지도 모른다. 자신감을 가지고 꼭 시도해 보기 바란다.

자신이 얼마나 흔들리는지 알아두자

'어느 날 주식 앱을 열어 봤더니, 보유한 주식의 가격이 곤두박질치고 있더라'라고 이야기하는 사람이 있다. 만약 그때 팔면 손실이 확정되어 버리는, 이른바 평가손 상태.

이런 상황을 맞으면 그때부터 잔고 확인을 그만두는 사람이 있다. 수익을 볼 때는 즐기다가 손해가 날 것 같으니 갑자기 흥미를 잃고 두려워져서 못 본 척하는 패턴이다.

투자에서 현실 도피와 과도한 낙관주의는 가장 큰 적이다. 특히 개별 기업 주식에 투자한 경우, 방치하는 사이에 더 떨어져 손실이 점점 커지면 너무 아까운 일이다.

ISA 계좌에서 살 수 있는 지수 추종 ETF는 기본적으로 분산이 잘 된다. 기준가가 떨어지더라도 당황하지 말고 담담하게 적립식으로 계속 사는 편이 나은 경우가 많다.

한편, 개별 기업의 주가는 향후 회복을 기대할 수 없을 때도 있다. 그때는 결단을 내리고 손절매 즉 매각해서 손실을 확정해야 한다. 그리고 회수한 자금은 더 장래성이 있는 상품에 투자하자.

손절이 망설여질 때는 그 상품을 보유하고 있지 않다고 치고, '처음 본다고 가정하면 이 상품을 이 가격에 사고 싶은

돈이 어렵기만 한 당신이 읽어야 할 책

가?'를 자문해 보자. 가격이 저렴해서 사고 싶다는 생각이 든다면 그대로 보유하자. 하지만 사지 않을 거라는 판단이 든다면 그 상품은 매도를 검토해야 한다.

투자는 자신을 행복하게 만드는 것이 목표

돈이 있으면 인생의 선택지가 늘어난다. 하지만 돈을 모으는 것만으로는 의미가 없다. 투자를 했어도 계좌에 넣어 놓기만 해서는 아무것도 바뀌지 않는다. 돈이 있어도 잘 쓰지 않으면 미래는 변하지 않는다.

중요한 것은 불린 돈을 당신이 원하는 미래를 위해 활용하는 것이다. 목표는 돈을 불리는 것이 아니라 불어난 돈을 활용해 자신을 행복하게 하는 일이다.

적립식 투자는 장기 투자가 기본이기 때문에 자주 매매할 필요가 없다. 현재 상황을 확인하면서 운용 실적이 좋은 상품을 찾았을 때 비율을 조정하는 정도면 된다고 본다.

나중에 투자 지식을 쌓아서 더 큰 리스크를 감당할 수 있게 되거나 모니터링에 더 많은 시간을 들일 수 있게 된 사람은 성장형 투자로 매도 차익을 노리는 투자 방식에 도전해도 좋을 것이다. 그 경우는 매도 시점(출구)에 신경 써서 이익을 확실히 실현하도록 한다.

투자는 입구보다 출구 찾기가 어렵다고 한다. 고민하는 사이에 팔 기회를 놓쳐 버릴 수도 있다. '30% 위, 아래에서 매도를 검토한다'라는 등 미리 자기 나름의 출구 전략을 정해 두는 것이 좋다. 또 투자에 관해 터놓고 중립적으로 이야기할 수 있는 그룹과 어울리면 안심할 수 있다.

여러분이 원하는 미래를 실현하기 위해 이런 점들을 의식하면서 지내야 한다. 그러려면 라이프 이벤트 노트와 비전 노트를 정기적으로 재검토해야 한다. 불어난 돈을 여러분의 행복을 위해 잘 쓰길 바란다.

IRP도 챙기자!

ISA와 함께 자주 이야기되는 것이 IRP(Individual Retirement Pension, 개인형 퇴직연금)이다. IRP는 자신을 위해 스스로 퇴직금을 적립하는 개인연금제도다. 퇴직금이 300만 원 이상이면

IRP 계좌로 받아야 하고 이후 이를 해지해 현금으로 받을 것인지, 받은 퇴직금을 운용해 불릴 것인지, 추가금을 납부할 것인지 정해야 한다. ISA와 마찬가지로 부을 액수와 적립할 상품을 스스로 결정하는 것이다.

회사원, 개인 사업자, 공무원 등 소득이 있는 모든 사람이 대상이다. 공적 연금에 더해서 받을 수 있고, 연말 정산 시 세제 우대를 받을 수 있어 잘 활용하면 유익한 제도다.

다만 IRP는 연금이기 때문에 만 55세가 넘어야 수령할 수 있다. 3년이 지나면 돈을 뺄 수 있는 ISA와는 다르므로, 적립금은 상한액을 꼭 채우려 하지 말고 무리 없는 범위에서 정하도록 한다.

① 납입 시: IRP로 받은 퇴직금은 당장 퇴직 소득세를 납부하지 않아도 된다. 또한 소득공제의 대상이므로 그해 연말정산에서 세금을 돌려받을 수 있다.

② 운용 시: 이익이 나면 해당 이익에 대한 세금은 연금을 게시하는 시점까지 미뤄 준다. 이를 재투자해서 복리 효과를 누릴 수 있다.

③ 수령 시: 만 55세가 되어 연금으로 수령하면 종합소득세 대신 3~5%의 낮은 세율이 적용된다. 만 55세 전에 중도 인출을 한다면 그동안 받은 공제 혜택을 도로 토해 내야 하므로 신중하게 선택해야 한다.

IRP와 ISA 선택하기

IRP와 ISA에 관해 각각의 구조는 알았지만 어떻게 비중을 두어야 할지 고민인 사람도 있을 것이다.

현재의 자산 상황이나 향후 라이프 플랜을 확인하면서 자신에게 맞는 배분을 생각하는 것이 가장 좋다. 자산 상황은 자신의 대차대조표와 자산 포트폴리오를 살펴보면 된다. 또 향후 라이프 플랜은 비전 노트와 라이프 이벤트 노트를 활용하자. 그런 다음, 여러분의 자금이 어떻게 들고나는지, 두 제도는 어떻게 구별하는지를 생각하는 순서로 가면 된다.

젊을 때는 수입보다 배움과 경험을 위해 투자하는 금액이 큰 경향이 있다. 나이와 무관하게 도중에 목돈을 쓸 가능성이 있는 사람은 ISA에 우선 배분하면 좋을 것이다.

그와 달리 IRP에는 소득공제라는 장점이 있으므로 경력이 쌓이고 수입이 늘어난 사람은 IRP에 넣는 금액을 서서히 늘리자.

단, IRP는 만 55세 이후에 수령할 수 있으므로 노후에 쓸 돈을 모으기 위한 운용처라고 생각하고 무리하지 않는 범위에서 투자액을 설정하자.

적금의 리스크는 인플레이션

만약 은행이 파산하면 여러분이 예금자 보호제도를 통해 돌려받을 수 있는 금액은 원금과 이자를 합쳐 1억 원까지다. 그런데 은행에 돈을 맡길 때 리스크가 또 하나 있다. 바로 인플레이션 즉 물가 상승이다.

인플레이션이 발생하면 물건과 서비스의 가격이 올라간다. 예를 들어 어제까지 1,000원이었던 빵을 오늘은 1,200원을 내야 살 수 있다. 그러면 여러분이 가진 현금, 예금 등의 자산 가치가 줄어들게 된다.

가령 여러분이 부자고 현금 10억 원을 가지고 있다고 하자. '10억 원이 있으니까 괜찮아!'라고 안심하고 있으면 안 된다. 미래의 물가가 현재의 2배가 된다면 10억 원의 실질 가치는 반감되어 5억 원이 된다. 그렇게 되면 꿈꾸던 은퇴 후 풍족한 노후 생활을 영위할 수 없게 된다. 이 모든 것이 리스크다.

현시점에서 원화의 가치가 갑자기 0이 될 거라 예상하는 사람은 거의 없다. 그렇지만 미래에 무슨 일이 일어날지는 아무도 모른다. 가능한 범위 내에서 미래를 대비하려면 자산의 일부를 외국 통화로 쌓아야 한다. 예·적금의 일부를 미국 달러로 만들어 놓으면 인플레이션에 의한 리스크를 분산할 수 있다. 국내와 해외는 통화와 시장의 움직임이 모두 다르기 때문이다(단, 외화 예금은 예금 보험 기구의 보호 대상이 아니므로 주의해야 한다).

또한 환 리스크를 피하고 싶은 사람은 주식이나 부동산 등 인플레이션에 강한 자산이나 또는 그런 자산에 투자하는 펀드를 검토해도 좋을 것이다.

그러나 인플레이션 리스크를 경계하느라 다른 리스크를 너무 많이 감수한다면 본전도 찾기 어렵다. 투자는 충분한 지식과 리스크 관리 체제하에서 이루어져야 한다. 만약 투자가 자기 성향에 맞지 않다고 생각하는 사람은 굳이 지금 당장 투자할 필요가 없다. 투자가 불편한 사람은 예·적금에 중점을 두어도 된다.

다만 예·적금에도 리스크가 따른다는 사실은 명심해야 한다. 투자가 어렵다면 예·적금의 리스크는 무엇으로 메우면 좋을지 자신에게 가장 좋은 방향을 생각해 보자.

돈이 어렵기만 한 당신이 읽어야 할 책

일임형 상품도 조심하라

'투자는 하고 싶은데 귀찮은 건 싫어.' '전문가에게 맡기고 나는 가끔 보고만 받으면 좋겠어.' 이런 바람이 있는 사람들을 위해서 등장한 '랩 계좌'라는 상품이 있다. 투자 자금을 입금하면 운용에 관해 모든 것을 맡기는 상품이다.

실제로 증권사에서 권유해 1,000만 원 정도 맡긴 지인이 있다. 그런데 단기간에 반 토막이 났다며 나에게 상담을 했다. 내용을 확인해 보니, 수수료가 비싸고 운용 실적이 좋지 않은 펀드가 포함되어 있었다.

운용이나 관리를 전문가에게 맡기는 행위가 문제라는 말이 아니다. 다만 해당 상품의 구성이 어떠한지, 정말 맡겨도 되는지에 대한 최종적인 판단은 항상 스스로 해야 한다. 인생의 핸들뿐 아니라 투자의 핸들도 제 손으로 잡아야 한다.

좀 더 투자해 보고 싶다면

지금까지 예·적금과 채권, 인덱스형 펀드를 활용한 투자에 관해 설명했다. 조금씩 투자해 보다가 익숙해지면 다른 상품으로 바꿔 보거나 투자 대상을 넓혀 주식에도 도전해 보자.

그러려면 새로운 정보를 수집하는 능력과 세상의 흐름을 파악하는 사고력이 꼭 필요하다. 매수하려는 상품에 대한 정보뿐만 아니라 시장 전체의 움직임을 더 넓게 알아야 한다. 펀드 다음 단계로는 주식을 만 원이든 10만 원이든 조금 사 보는 것이 좋다. 투자의 세계가 훨씬 가깝게 다가올 것이다.

특정 주식을 샀다고 그 기업 뉴스만 보면 안 된다. 마찬가지로 미국 주식 ETF를 샀을 때는 미국 이외의 주식 시장도 살펴야 한다. 우선은 세상 전체의 움직임을 보는 거시적인 관점이 중요하다. 자신이 산 주식의 정보만 미시적으로 보기 쉽지만, 세상 전체를 거시적으로 본 다음에 특정 업계나 기업을 분석해야 한다.

전체를 파악하려는 노력은 투자뿐 아니라 자신의 커리어를 검토할 때도 도움이 된다. 여러분을 둘러싼 환경부터 분석해야 제대로 된 판단을 내릴 수 있기 때문이다. 국내외 정치와 경제에 관해 조금이라도 이야기할 수 있게 되면 자신이 하는 일이나 만나는 사람의 범위도 넓어질 것이다.

눈앞에 있는 개별적인 일을 파고들어 '구체화'하는 것도 중요하지만, 그것을 둘러싼 전체의 구조와 틀을 간단하게 파

돈이 어렵기만 한 당신이 읽어야 할 책

악해 '추상화'하려는 노력을 의식적으로 해야 한다. 투자에서 전자는 개별 투자상품이고 후자는 시장 전체다. 돋보기로 들여다보듯 구체화하기도 하고, 하늘 높이 날아올라 발아래 세상을 내려다보듯 관찰하기도 하면서 이쪽저쪽 오가며 생각하다 보면 사고력이 단련될 것이다.

나비 효과라는 말이 있다. 기상학자 에드워드 로렌츠(Edward Norton Lorenz, 1917~2008) 박사가 '나비가 날갯짓만 해도 지구 반대편의 기상에 영향을 줄까?'라는 의문에서 유래한 말로 미세한 변화가 결국에는 엄청난 영향을 끼친다는 것이다. 비슷한 개념으로 일본에도 '바람이 불면 통을 파는 장수가 돈을 번다'라는 속담이 있다. 바람이 불면 흙먼지가 날리고, 눈에 흙먼지가 들어가면 눈병에 걸리고, 눈병 때문에 맹인이 늘어나고, 맹인이 자주 연주하는 샤미센이라는 일본의 현악기 수요가 늘어나고, 샤미센 수요가 늘어나니 고양이 가죽이 필요해 고양이를 죽이고, 고양이를 죽이면 쥐가 늘어나고, 쥐들이 통을 갉아 먹는다. 그러면 사람들이 새 통을 사느라 통 장수가 돈을 번다는 말이다.

세계 각지의 다양한 사정과 의도가 얽히고설켜 시장 동향에 영향을 미치므로 의식적으로 전체를 보는 연습을 해야 한다. 전체를 파악하는 방법은 여러 가지가 있지만, 여기서는 마케팅 분야 등에서 활용되는 PEST 분석을 소개한다.

다음 그림이 PEST 분석이다. PEST는 정치(P), 경제(E), 사회(S), 기술(T)의 머리글자를 따서 만든 말로서 이 네 분야를 보면 세상 전체의 움직임, 즉 거시 환경을 파악할 수 있다. 거시 환경을 분석하기 위한 체크리스트로 활용하면 좋다.

예를 들어 사회 분야(S) 주제인 '저출산', '고령화'에 대해 생각해 보자. 한국에서는 '저출산', '고령화' 대책이 급선무로 여겨진다. 최근에는 출생아 수가 줄어들어 인구가 소멸의 길을 걷고 있다. 또 고령자 비율이 늘어나면서 인구 구성이 변하고 있다. 그렇다면 어떤 영향이 나타날까?

경제 분야(E)에서는 일할 수 있는 사람의 수가 부족해서 기업 경영에 지장이 생긴다. 이런 현상은 사회에 나쁜 영향을 미치므로 정치 분야(P)에서는 고령자와 여성, 외국인 등이 일할 수 있는 제도를 정비한다. 기술 분야(T)에서는 사람 대신 로봇이 일하거나 AI의 등장으로 직업 자체가 없어질 수도 있다.

여러분은 앞으로 정부 정책이 어떻게 움직일 것 같은가? 어떤 정책이 나와야 저출산의 영향을 줄일 수 있을까? 아동 수당 등의 지원 확충과 노동 방식의 개혁이 효과적일까? 저출산 문제에 직면한 다른 나라들은 어떻게 대응하고 있을까? 프랑스 등의 성공 사례에서 우리는 무엇을 배울 수 있을까? 첨

정치(P)	정치, 법률 분야
	각국 정부의 동향과 정부 간 관계를 본다. 법률과 제도, 규제 등이 포함된다. 圆 국가 정책, 정권 성향

경제(E)	경제, 시장 분야
	경제와 금융을 본다. 금융시장과 노동시장의 상태, 변화를 나타내는 데이터가 포함된다. 圆 외환, 금리

사회(S)	사회, 문화, 환경 분야
	사람들의 생각과 사상, 가치관, 환경, 생활 방식 등을 본다. 圆 인구 구성, 종교관

기술(T)	기술 분야
	기술에 대해 다방면으로 본다. 사람들의 사고와 가치관에 관한 내용이라도 기술 관련 내용은 사회 분야가 아니라 기술 분야로 분류한다. 圆 AI · 디지털화

※ 거시 환경을 분석하는 방법은 아주 다양하다. 위 내용은 마케팅 분야의 세계적 권위자인 필립 코틀러 (Philip Kotler, 1931~)가 제안한 기법이다.

PEST 분석을 해 보자

단기술로 대체할 수 있는 일과 그러지 않는 일의 차이는 뭘
까? 여러분이 하는 일은 앞으로 어떻게 될까?

나비 효과를 일으키는 요인에 관해 평소에 생각하는 습관
을 기르자. 부담 없이 이야기할 수 있는 동료가 있으면 혼자서
는 알아차리기 어려운 관점도 접하기 쉬워진다.

투자 시나리오를 그려라

자기 나름의 투자 시나리오를 그리기 위해, PEST 분석이나
일상에서 접하는 뉴스 등을 통해 세상의 움직임을 생각해 보
자. 갑자기 엄청난 이야기를 다루라는 것이 아니다. 일상생활
에서 느끼는 변화와 의문점을 생각하며 두뇌를 가볍게 단련
할 정도면 된다.

물건과 서비스 가격은 왜 상승할까? 언제까지 상승할까?
임금이 오르지 않는 이유는 무엇일까? 앞으로는 오를까? 세
계 정치와 경제는 어디에 주목하는가? 주식 시장과 부동산 시
장, 환율 등에 영향을 주는 요인은 뭘까?

자기 판단으로 금융상품을 선택하고 투자하려면 세상과

시장의 움직임에 대해 나름대로 예상할 줄 알아야 한다. 자신이 만든 시나리오가 정확하거나 정밀하지 않아도 된다. 궁금한 뉴스를 그대로 두지 말고 왜 궁금했는지, 그 배경에 어떤 구조와 요인이 있는지 생각하는 습관을 들이자. 그리고 앞으로의 움직임을 예상해 보자.

이 시나리오는 미래를 예언하기 위해서가 아니라 무언가 변화가 일어났을 때 바로 움직이기 위해서 만드는 것이다. 예를 들어 자신이 좋게 보고 산 회사의 주식 가격이 급락했다고 치자. 일시적인 하락으로 끝날지, 그대로 계속 하락할지 빠르게 확인해야 한다. 평소에 상황을 파악해 두면 그 회사의 미래 주가를 전망하기 쉬워진다.

무슨 일이 일어나고 난 뒤에 그제야 생각하면 매도 시점이 늦어지고 손실이 커질 수 있다. 시장 상황을 확인하다가 부정적인 결과를 초래할 요소가 발견되면 무리하지 말고 투자를 미루도록 하자.

핵심은 '세상의 예상을 예상하기'

자신이 선택한 투자상품이 예상대로 성과를 내면 참으로 기쁜 일이다. 돈이 불어나는 것도 즐겁지만, 세상의 움직임을 이리저리 예상하면서 자산을 쌓아 나갈 수 있다면 이보다 큰 기쁨이 또 있을까?

투자할 때는 자신만의 시나리오를 준비하는 것이 매우 중요하지만, 또 하나 중요한 것이 있다. 다른 투자자가 어떻게 예상할지를 읽어 내는 것이다. 예를 들어 여러분이 화장품을 좋아해서 다양한 코스메틱 회사의 상품과 트렌드를 잘 안다고 가정해 보자. 어느 날 화장품 가게에서 신상품을 쭉 둘러보다가 획기적인 상품을 발견하고 감동했다. '이건 무조건 팔린다! 이 회사 주가도 분명 오르겠지!'라고 확신한 여러분은 그회사 주식을 샀다.

훌륭한 상품을 다른 투자자들도 알아보면 주가가 오를 가능성이 크다. 그러나 다른 주식 투자자가 반응하지 않을 경우, 그 상품의 장점은 주가에 반영되지 않는다.

투자상품의 가격이 오르려면 여러 투자자가 동시에 '좋다'고 생각해야 한다. 자기가 아무리 높게 평가해도 다른 투자자가 좋게 보지 않으면 가격에는 반영되지 않는다. 투자상품의 가격은 인기투표 결과 같은 것이다.

처음에는 어렵게 느껴질 수 있지만 스스로 시장을 예상하는 동시에 다른 투자자는 어떻게 예상할지, 즉 '세상의 예상'도 예상해 보자. PEST 분석 등을 활용해 의식적으로 거시적 관점을 갖추고, 세상의 흐름을 자기 나름대로 예상해 보자.

다른 투자자의 예상은 금융기관의 리포트나 경제지 정보 등을 참고하면 된다. 증권사에 따라서는 대면 세미나를 개최하거나 자사 웹 사이트에서 시장 전망에 대한 동영상을 제공하는 곳도 있다. 유튜브 등 인터넷상의 정보는 진위를 확인하면서 활용해야 한다.

생각
포인트
1

하이 리턴, 하이 리스크를
명심하라

투자는 무엇보다 자기 페이스가 중요하다. 그런데 금융 지식을 쌓아 자기답게 투자하고 있다가도 솔깃한 이야기를 들으면 마음이 흔들리는 것은 인지상정이다.

그럴 때는 '하이 리턴, 하이 리스크'를 기억하자. 수익률이 높으면 그만큼 위험이 따른다. 하이 리턴의 그늘에 고액의 수수료가 숨어 있을 수도 있다. 또는 현지 통화로는 높은 수익률을 보이지만, 원화로 환산하면 원금 손실의 위험이 있는 상품도 있다.

'적립 이율 ○○% 보장' 등 운용 성과를 약속하는 달러 표

돈이 어렵기만 한 당신이 읽어야 할 책

시 보험도 있지만, 보장되는 이율은 달러로 표시했을 때만 해당한다. 매수했을 때보다 환율이 유리하면 다행이지만, 아니라면 수익이 본인이 넣은 원금보다 줄어들 리스크가 있다.

원래 보험료로 모은 돈은 모두 적립되는 것이 아니다. 보험 상품이 제시하는 이율이 실제 낸 보험료 전체에 대한 이율이라 생각하면 안 된다. 저축할 목적이라면 보험은 정답이 아니다. 보장이 필요한 부분은 보장성 보험을 들고, 저축은 ISA 등을 활용해 비용을 줄여서 운용하는 것이 합리적이다.

금리 수준은 국가와 시대에 따라 다르다. 일본의 경우 금리는 1980년대 후반 거품경제 시기에 상승했다가 그 후로는 떨어졌다. 1990년 무렵에는 우체국 1년 정기 예금만 들어도 6% 정도의 금리가 붙었다. 유초 은행에 지금 1년 정기 예금을 들면 금리가 0.002%다(2023년 12월 1일 시점). 금리가 낮은 시대에 높은 수익률을 얻기는 전문 투자가에게도 어려운 일이다. 솔깃한 이야기에는 함정이 있거나 사기일 가능성마저 있다. 상품 내용과 예상되는 리스크에 관해서는 반드시 확인한 다음에 매수하자. 자기 자산은 스스로 지킬 수밖에 없다.

또 한 가지 생각할 점이 있다. 금융기관에서 펀드나 보험 상품을 추천받은 적이 있을 것이다. 그들은 그런 상품을 판매하고 나서 어떻게 돈을 벌까?

정답은 수수료다. 그들은 상품을 판매하고 얻은 수수료로 수입을 챙기기 때문에 판매 수수료가 높은 상품을 추천하기 쉽다. 일부 판매자는 자신에게 이익이 되는 정보를 강조해 선택을 유도하려 한다. 판매 실적이 높은 담당자에게는 운용사가 각종 보상을 주고 해외 여행을 보내 주기도 한다.

리스크에 관한 설명이 부족하거나 과한 매매를 권하는 등 고객에 대한 대응이 부실하면 금융청이 조사에 들어가 업무 개선 명령이나 행정처분 권고를 내릴 수 있다. 그럼에도 '나는 팔기만 하면 돼'라는 생각을 하는 사람에게 상담받으면 그들의 배만 불려 주는 일이다.

누구나 빛나는 순간이 있다

누구나 빛난다. 아직 그 빛을 찾지 못했더라도, 최고로 환하지 않더라도, 나이가 몇 살이든, 지금 무슨 일을 하든 그 빛은 절대 바래지 않는다. 우리는 한 사람 한 사람이 모두 훌륭한 존재다. 학력, 직함, 그 외 속성은 단순한 기호에 불과하다. 누구에게나 행복해질 권리가 있다.

이 책을 손에 든 순간부터 여러분이 '이상으로 여기는 삶'은 실현되기 시작했다. 이 책에 여러분이 알고 있으면 사는 데 도움이 될 정보를 '돈 × 코칭 × 젠더'라는 관점에서 꾹꾹 눌러 담았다. 단계마다 차근차근 실천한다면 자기답게 돈을 다루는 방법을 익힐 수 있을 것이다. 기존에 해 오던 것보다 한 걸음 더 나아가고 싶은 사람이나, 이미 변화를 느끼고 있는 사람도 여러 번 반복해 읽으면서 실천하기를 권한다.

내가 이 책을 집필한 것은 경제적 자립과 자기 긍정감을 원하는 사람을 돕고 싶은 마음이 간절했기 때문이다. 특히 여성은 돈에 적극적이지 않을 가능성이 있고, 무상 노동을 기대하는 사람이 많으며, 같은 직장에서도 여성이 남성보다 낮은 처우를 받는 경향이 강하다.

선택할 수 있는 힘을 제한해 버리는 사회구조에 대항하려면 이를 위한 금융교육이 필요하다고 생각했다. 나는 어딘가에 묶여 있는 사람이 아니니까, 이런 나라면 내가 가진 지식을 총동원해 중립적으로 전달할 수 있을 것으로 생각했다.

내가 가르친 수강생들은 '인생관이 바뀌었다', '미래에 대한 불안이 줄었다', '긍정적인 사람이 되었다' 등의 후기를 전해 준다. 자신을 잘 다스리고 자금 상황을 체계적으로 정리하면 자신감이 생긴다. 이런 기회를 더 많은 이에게 주고 싶다.

현대 사회에서 우리는 미래에 대한 희망이나 직장 내 만족도 등 행복도에 관한 모든 지표가 낮은 상황이다. 이렇게 살기 어려운 이유 중에는 가부장제와 편견에 뿌리를 둔 관리사회의 영향이 있지 않을까?

돈이 어렵기만 한 당신이 읽어야 할 책

우리는 어릴 때부터 '정답'으로 여겨지는 행동규범을 배운다. 가정에도, 회사나 사회에도 정답이 존재한다. 주변의 평가에 너무 신경 쓰느라 정답에 집착하면 숨이 막히고 사고가 멈춰 비릴 수 있다.

경제가 호황기일 때는 그런 상황에 의문을 품는 사람이 적었을 것이다. 하지만 지금은 다르다. 세상의 정답을 따라도 안정된 삶을 살 수 있다는 보장이 없다. 오히려 정답에 얽매임으로써 행복을 놓칠 가능성이 크다.

돈에 관해 생각할 때 '천박하다', '노골적이다' 같은 부정적인 느낌을 떠올리는 사람이 많다. 그런 생각은 지금 당장 내려놓아야 한다. 돈에 관한 생각도 바꿔야 하지만, 돈을 버는 구조를 아는 것도 중요하다. 구조를 알면 배운 것을 살려서 일이나 투자를 하고 경제적 자립을 위한 행동에 나설 수 있다. 돈벌이 이야기에 솔깃해 경거망동하다가 후회할 리스크도 줄일 수 있다.

정신적으로나 경제적으로 자립한 상태, 자율적인 상태를 지향하자. 자신의 자원을 의미 있게, 효과적으로 사용하자. 자신이 편안하게 살 방법을 찾은 다음, 우연한 만남 세렌디피티를 즐기자. 깊게, 끊임없이 생각하는 습관을 들이자. 여러분 인생의 핸들을 남에게 빼앗기지 않도록 스스로 '선택하는 힘'

을 가져야 한다. 자신감을 가지고 여러분이 빛날 수 있는 세계를 목표로 삼길 바란다.

시작점은 어디라도 상관없다. 지금 있는 곳에서 한 발짝만 내디뎌도 여러분 눈에 들어오는 세상이 훨씬 넓어진다. 자기 중심축을 가지고 살아갈 각오를 다지고, 스스로 자기 자신을 행복하게 만들자. 한 명이라도 더 많은 사람이 전보다 더 행복하게 살 수 있게 된다면 이 책을 저술한 사람으로서 최고로 기쁘겠다. 여러분의 경험담을 기다린다. mayumi.life. coach@gmail.com로 메일을 보내 주면 감사하겠다.

이 책을 세상에 내놓을 수 있었던 것은 온전히 편집 담당인 나카노 아미 씨 덕분이다. '여성의 경제적 자립을 돕는 책을 쓰고 싶다!'라는 내 마음을 정성껏 구현해 주셨다. 또 아미 씨와의 인연을 맺어 준 분은 존경하는 선배 쓰치야 다케토시 님이다. 두 분께 깊은 감사의 말씀을 드린다.

돈이 어렵기만 한 당신이 읽어야 할 책

한국어판 수정 사항

페이지	수정 내용
109~111쪽	일본의 고액 요양비 제도를 한국의 공적 보험 제도로 대체
115쪽	일본의 소득공제 방법을 한국의 연말정산 제도에 맞게 수정
154쪽	일본의 주민세 납부를 한국의 소득월액 보험료로 대체
212쪽	금융소득세 부과를 한국 실정에 맞게 수정
217~227쪽, 229쪽, 236쪽	일본의 NISA 제도를 한국의 ISA 제도로 대체
234~236쪽	일본의 iDeCo를 한국의 IRP로 대체

돈이 어렵기만 한 당신이 읽어야 할 책

: 조급하지 않게, 나답게 재테크하는 법

1판 1쇄 인쇄 2025년 2월 24일
1판 1쇄 발행 2025년 3월 20일

지은이 안도 마유미
옮긴이 정문주

발행인 양원석 **편집장** 권오준 **책임편집** 이건진
디자인 조윤주, 김미선 **영업마케팅** 조아라, 박소정, 이서우, 김유진, 원하경

펴낸 곳 ㈜알에이치코리아
주소 서울시 금천구 가산디지털2로 53, 20층 (가산동, 한라시그마밸리)
편집문의 02-6443-8831   **도서문의** 02-6443-8800
홈페이지 http://rhk.co.kr
등록 2004년 1월 15일 제2-3726호

ISBN 978-89-255-7386-1 (03320)